VISUALTools

visualisieren leicht gemacht!

Gert Schilling Verlag, Berlin   ISBN: 978-3-930816-21-7

SCHILLING | VERLAG

VISUALTools

visualisieren leicht gemacht!

Inhalt

Auf ein VorWort mit VorBild

Fünf Striche und keiner MEHR

Ich freue mich, mit Ihnen gemeinsam das große Feld des Visualisierens zu erkunden und zu bestellen. Bevor wir starten, möchte ich Ihnen die Geschichte von den »Fünf Strichen« erzählen.

In den vielen Jahren der Beschäftigung mit dem Thema Bild-Arbeiten und Visualisierung in der Berufs- und Wirtschaftswelt war ich immer auf der Suche nach einer einfachen Visualisierungsmethode für Menschen, die mit dem Glaubenssatz *Ich kann nicht malen!* durch die Welt gehen. In der weiteren Auseinandersetzung zu diesem Thema folgte ich der Frage: *Wie wenig oder wie viel braucht unser menschliches Auge, damit wir von einem sinnhaften Bild sprechen können?* Mir war klar, dass die Trainer, Moderatoren, Berater, Coaches und Supervisoren, für die ich diese Methode entwickeln wollte, wenig Zeit für die Umsetzung ihrer Bilder in den jeweiligen Arbeitskontexten haben.

Die intensive Beschäftigung der letzten 12 Jahre mit der japanischen Tusch-Malerei »sumi-e« gab mir die entsprechenden Antworten und methodischen Ideen, die ich für diese Herausforderung brauchte. Im Jahr 2001 waren die wichtigsten VISUAL-Tools für das Arbeiten mit Bildern in Beratung, Training und Moderation erarbeitet. In den folgenden Jahren erprobte ich die VISUALTools in vielen Trainings und Work-shops. Die Erfahrungen und die vielen positiven Rückmeldungen der Kolleginnen und Kollegen bringen mich nun in die Lage, Ihnen die wichtigsten Tools in diesem Buch detailliert präsentieren zu können.

Wenn Bilder in Bildungs-, Beratungs- und Kommunikationskontexten dienlich sein sollen, dann müssen diese klar, einfach und dennoch lebendig und authentisch sein. Auf den folgenden Seiten zeige ich Ihnen auf sehr einfache Weise, wie die BildSprache funktionieren kann. Ich zeige Ihnen mit fünf Strichen ein Grundmuster unserer visuellen Wahrnehmung. *Wir können nicht sehen, wir haben gelernt zu SEHEN* - aber sehen Sie selbst.

Lassen Sie die weiße leere Fläche erst auf sich wirken, dann schauen Sie sich den ersten Strich an - vielleicht sehen Sie jetzt schon etwas. Schlagen Sie die nächste Doppelseite auf und entdecken Sie die weiteren Striche bis zu dem Bild mit dem roten Stempel. Machen Sie diese Reise ruhig mehrfach und entscheiden Sie, wann welche Phase des Bildes für Sie welchen Sinn ergibt!

Bitte lesen Sie erst nach diesem VorBild weiter.

Viel Spaß!

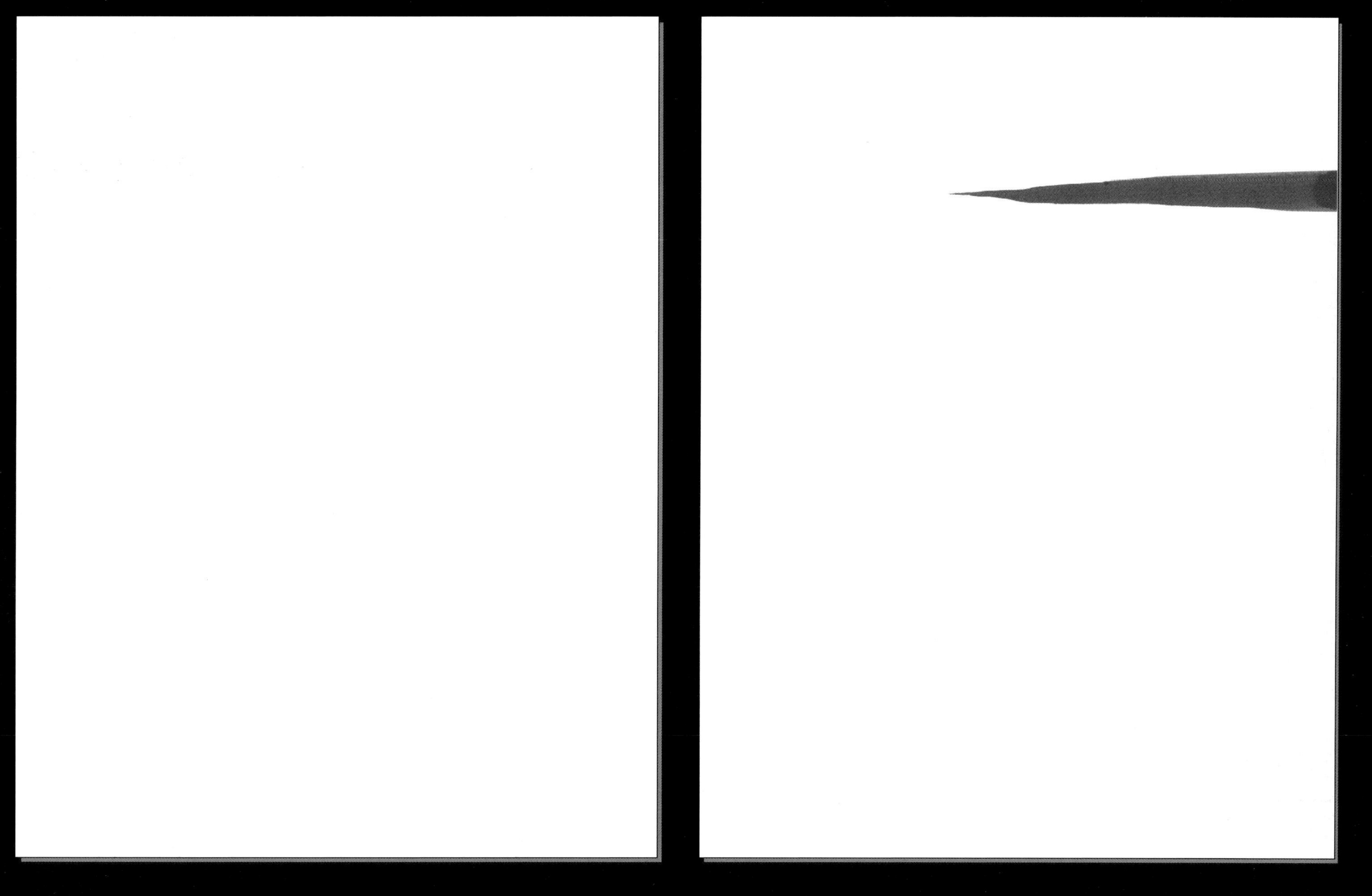

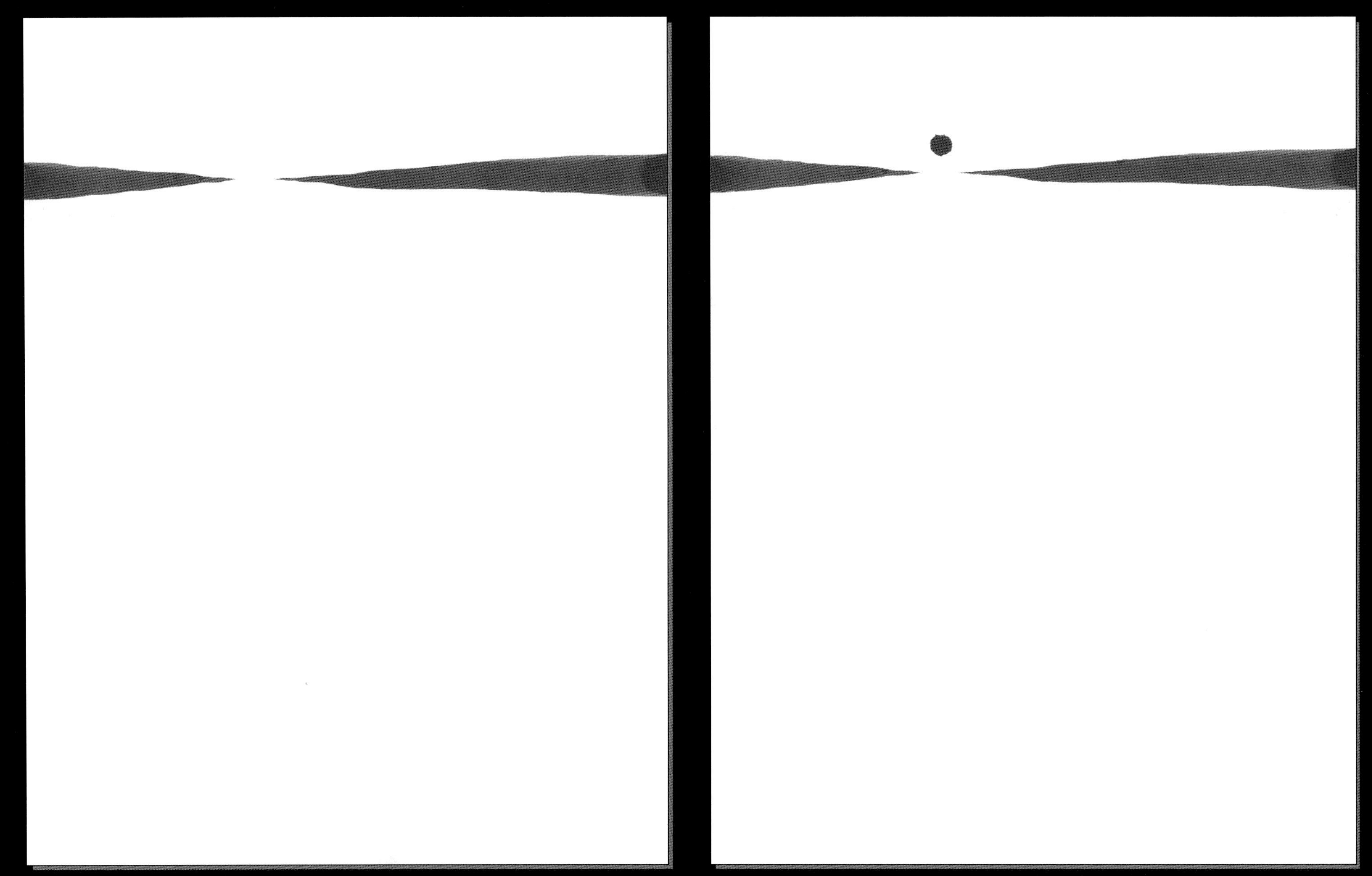

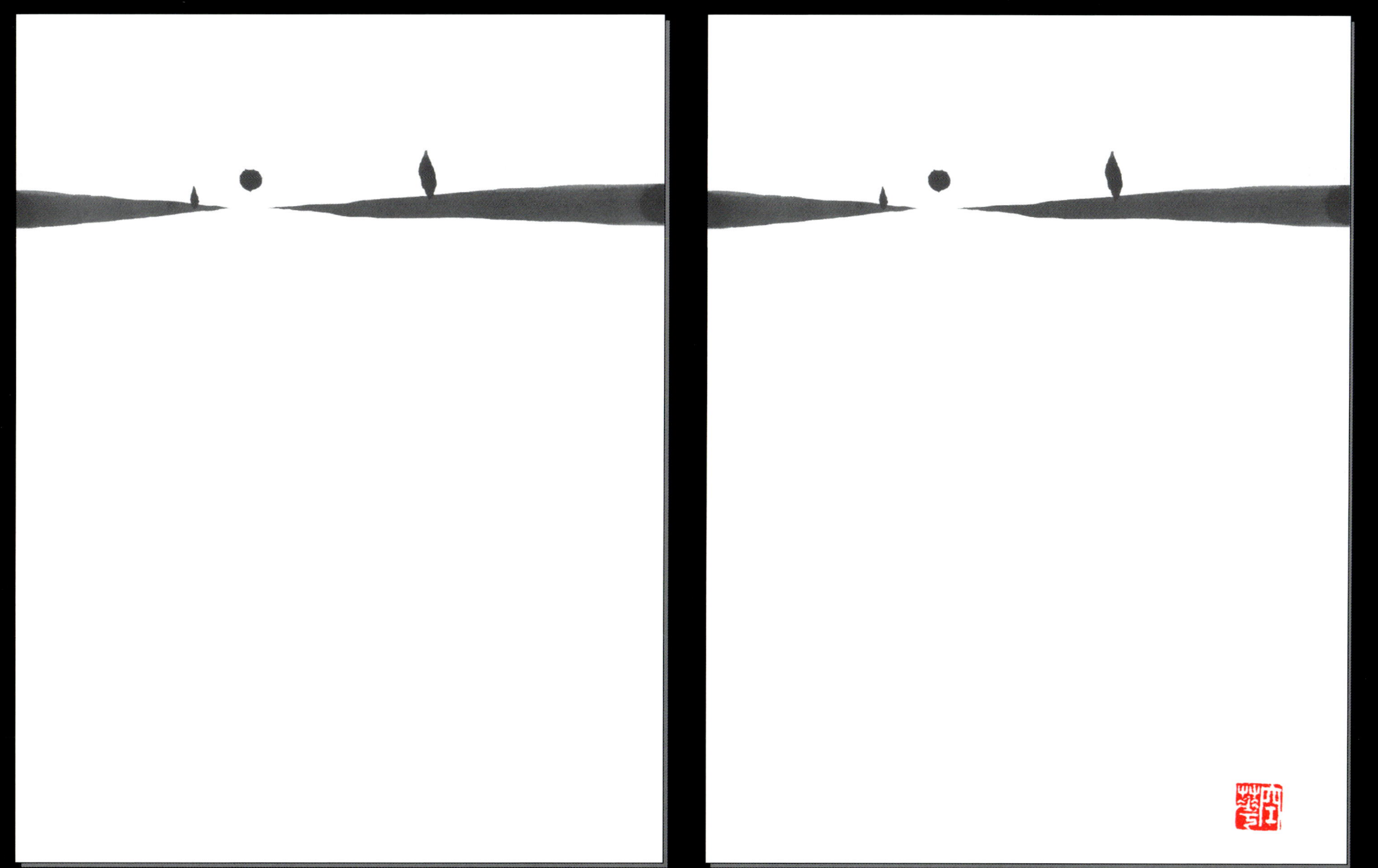

Dieser erste Teil des VorBildes zeigt sehr deutlich, wie wir durch einen sinnsuchenden Blick ein Bild in uns entstehen lassen, wie wenig unser sinnsuchender Verstand braucht, um Sinn zu stiften und etwas zu sehen, was eigentlich nicht vorhanden ist. Das Besondere an der ersten Linie ist ihr spitzer Beginn in der linken oberen Hälfte und der zunehmende, immer dicker werdende Verlauf der Linie zu einer Fläche. Auf die Frage:»Was sehen und was assoziieren Sie mit dieser Linie/Fläche?« gab es unterschiedliche Antworten.
Die drei häufigsten Antworten lauteten:
1. Ein Horizont oder eine Landschaft (Makro-Wahrnehmung).
2. Ein spitzer Gegenstand, zum Beispiel eine Klinge (Mikro-Wahrnehmung).
3. Ein Riss oder ein Einschnitt im Papier (Mikro-Wahrnehmung).
Welche Erfahrung haben Sie mit dem ersten Strich gemacht?

Die Grundmuster der Assoziationen sind wie folgt zu benennen:
Eine Linie, die in ihrem Verlauf immer dicker wird, lässt in unserem Auge eine räumliche Scheintiefe entstehen. So wird aus der Linie ein Horizont, ein spitzer Gegenstand oder ein Riss im Papier. Die starke Reduktion des optischen Reizes und der harte Kontrast von Schwarz zu Weiß führt unseren Geist in die räumliche Makro- beziehungsweise Mikro-Wahrnehmung. Ein weiteres Kriterium für die Sinnstiftung dieser ersten Linie ist die Platzierung auf der Bildfläche. Da unsere Linie im oberen Drittel ruht (senkrecht) und der Beginn der Linie im Schnittpunkt des Goldenen Schnittes (Verhältnis: 5:8 /waagerecht) liegt, ist die häufigste assoziierte Nennung die des Horizontes. Wenn Sie die Linie auf der senkrechten Achse nach oben oder nach unten verschieben, würden die zweite und dritte Assoziationsnennung überwiegen. In der Phase des ersten Striches offenbart sich ein weiteres erstaunliches Phänomen. Die größte Reduktion mit den höchsten Assoziationsmöglichkeiten führt uns zu einer klaren *Einsicht*igkeit des Motivs: Eine schwarz-weiße Linie, die im Verlauf von links nach rechts immer dicker wird und die durch ihre bewusste Platzierung im Sehmuster unserer Gewohnheiten entspringt, führt zu der Imagination einer einfachen Landschaftsdarstellung. Mit der zweiten, kurzen, sich verdickenden Linie verschwinden die beiden letztgenannten Assoziationen fast bei jedem Menschen. Alle Linien, die nun noch dazu kommen, bestätigen nur die Richtigkeit unserer Landschaftsimagination. Durch die konsequente Reduktion aller Bildelemente bietet das Motiv die Möglichkeit unterschiedlichster Interpretationen. Für die Einen zeigt das Bild die Toskana, für Andere ist es ein Wintermotiv oder eine Wasserlandschaft. Der rote Stempel haucht den unterschiedlichen Interpretationen noch eine Spur des Asiatischen ein - doch eigentlich sind es nur »Fünf Striche und keiner MEHR«.

Ein PAAR Striche gehen immer noch!
Eigentlich war unser Bild fertig, doch die Bilderreise kann noch weiter gehen. Jeder weitere Eingriff in die Bildfläche eröffnet uns eine neue Dimension für das Thema der Bildarbeit.
Schauen Sie selbst, was auf der nachfolgenden Seite geschieht.
Der schwarze »Schlängel« verändert das Bild ganz massiv. Für die meisten Menschen zerstört dieser Strich die Klarheit ihrer Landschaftsinterpretation. Dieser sechste Strich folgt zwar der Scheintiefe des Bildes, legt aber eine plötzliche Unfertigkeit in das Bild. Eine Frage entsteht: »Was ist das?« und »Was soll das?« An diesem Punkt des Bildes kommen wir in den narrativen Bereich - aus einem offenen Motiv wird eine Situationsillustration. Und kaum sind die Protagonisten auf dem Weg, liefert die Illustration uns den Anfang einer Geschichte. *Da machen sich fünf Menschen auf den Weg und …*

Immer dann, wenn unser »geistiges Auge« eine menschliche Figuration erblickt, entsteht eine starke Neugierde. Und wir fragen uns: »Was macht Der oder Die?« - »Was wird gleich geschehen?« und »Wer ist das?« Wenn wir uns die zwei genauer an- sehen, dann stellen wir fest, dass die Figuren weder Arme noch Beine besitzen und auch hier wirkt ein Muster, das wir von Kindheit an gelernt ha- ben. Besteht eine Figur nur aus zwei Strichen mit passen- den Proportionen sowie den richtigen Einbuchtungen in der Silhouette, dann sehen wir eine menschliche Figur. Alle hier beschriebenen bildlichen Phä- nomene lassen sich in jedem anderen grafischen oder malerischen Medium um- setzen. Die beiden nebenstehenden Bild- arbeiten sind mit Tusche (Abb. A) und mit einem Trainer-Marker (Abb. B) gemalt. Die Wirkung der Bilder unterscheidet sich lediglich durch den Duktus. Auf der Abb. C können Sie sich die Entwicklung der Figu- ren aus dem malerischen Duktus der Tusche zum grafischen Strich des Markers genauer anschauen. Viele Proportionen der Figuren liegen in den Größen und Abmes- sungen der Visualisierungswerkzeuge.

Abb. A

Abb. B

Alle von mir entwickelten VISUALTools basieren auf

Vier Grundregeln:

1. Nutze die Visualisierungsmedien immer grafisch und flächig und nicht zeichnerisch.

2. Spiele Linien und Flächen gegenein- ander aus und nutze so die Wirkung der Scheintiefen und Scheinperspektiven.

3. Reduziere alle Bildinformationen auf das passende Minimum.

4. Nutze die Visualisierungsmedien nur zu dem, was sie auch wirklich können.

Ich wünsche Ihnen viel Freude und Erfolg mit der Umsetzung der VISUALTools!

Abb. C
aqua
Tinte auf
Wasserba
waterbas
Nachfüllba
refillable
neu
BigOne
Für kreative Köpfe

Einführung in die Methode

Die Disziplin der Strichführung oder:

Wenn der Bauer nicht schwimmen kann, liegt´s an der Badehose!

Wie im VorWort schon erwähnt und im VorBild auch gezeigt, sollten Sie sich Ihr Visualisierungswerkzeug genau anschauen. Der große Marker kann andere Dinge als der kleine Marker oder die Wachs- bzw. Öl-Kreide. Zudem gibt es viele verschiedene Marker mit unterschiedlichsten Schreibspitzen. Für meine Methode empfehle ich große Marker mit wasserlöslichen Farben und mit einer rechteckigen Keilspitze (Abb. A). Der Spitzeneinsatz sollte an den breiten Kanten eine Phase haben (Abb. A). Diese Marker gleiten besonders gut über das Papier und sorgen für eine saubere Strichführung. Das Sprichwort mit der *Badeho-*

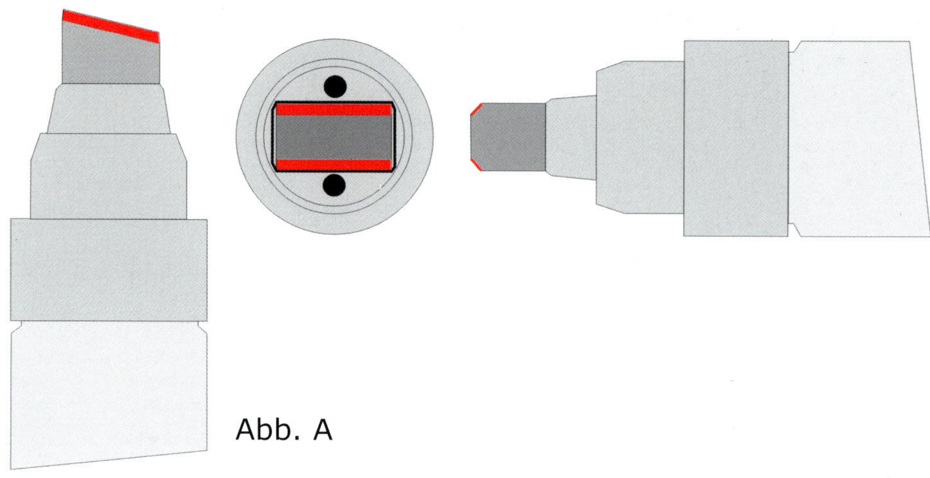

Abb. A

se ist wirklich ernst zu nehmen - Wenn Ihnen etwas nicht gelingt, dann kann es sein, dass Sie mit dem jeweiligen Visualisierungswerkzeug Dinge machen, die das Werkzeug nicht kann. Also wechseln Sie die *Badehose*. Wenn das auch nicht hilft - schwimmen Sie einfach ein Kapitel zurück und überprüfen Sie Ihre Markerhaltung und Ihre Strichführung.

Markerhaltung und Positionen

Halten Sie den Marker so in der Hand, dass der Marker in der Daumenkuhle liegt. Legen Sie die Finger fest (nicht verkrampft) um den Griffring oder die Griffmulden des Markers. Der spitze Winkel der Keilspitze weist zur unteren Blattkante hin. Linkshänder drehen den Marker so, dass die Keil-spitze mit dem spitzen Winkel zur oberen Blattkante weist (Abb. B).

Erste Strichübungen

Setzen Sie den Marker mit der ganzen Kantenlänge auf das Papier. Krümmen Sie nun Ihr Handgelenk so ein, dass die Filzkante parallel zur Papieraußenkante steht. Malen Sie einen Strich nach unten, der auf der Kante des Markers ausgeführt wird. Nun drehen Sie das Handgelenk in Richtung des roten Pfeils ein. Setzen Sie den Marker erneut auf der ganzen Kante des Markers auf und ziehen Sie eine Linie. In zwei weiteren Schritten, mit jeweils einem senkrechten Strich, bringen Sie den Marker durch das Eindrehen des Handgelenks in eine parallele Spitzenkantenposition zur oberen Papierkante (Abb. C).

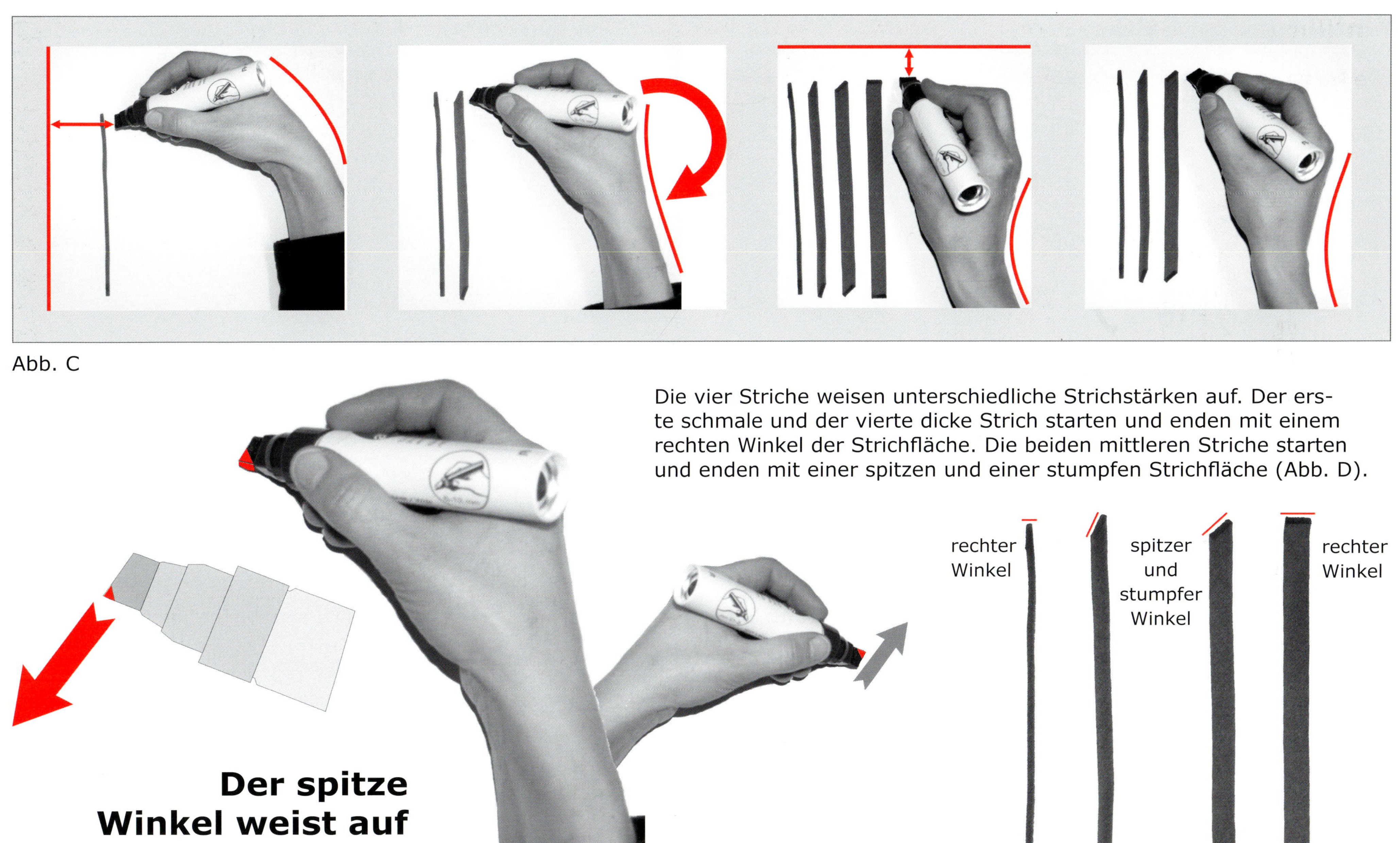

Abb. C

Abb. B

Die vier Striche weisen unterschiedliche Strichstärken auf. Der erste schmale und der vierte dicke Strich starten und enden mit einem rechten Winkel der Strichfläche. Die beiden mittleren Striche starten und enden mit einer spitzen und einer stumpfen Strichfläche (Abb. D).

Abb. D

Und noch eine Strichübung

Setzen Sie den Marker so auf wie in der Endposition der ersten Übung. Die Markerspitzenkante verläuft also parallel zur oberen Blattkante. Ziehen Sie einen waagerechten, dünnen Strich. In drei Stufen runden Sie Ihr Handgelenk wieder in die Ausgangsstellung und ziehen Sie jedes Mal eine waagerechte Linie. Auch hier entstehen Linien in unterschiedlichen Stärken und mit unterschiedlichen Winkelendungen (Abb. A).

Machen Sie diese Übung zum Warmwerden immer wieder. Es macht Ihr Handgelenk geschmeidig und flexibel.

Achten Sie bei allen Strichen darauf, dass der Anfangspunkt und der Endpunkt einer Linie durch leichtes Andrücken des Markers scharfkantig und gut sichtbar sind (Abb. B).

Aus dieser Übung ergeben sich zwei Grundpositionen für die Haltung des Markers, egal welche Markergröße und welche Seite des Markers (breite oder schmale Seite der Spitze) Sie benutzen. Die Position ergibt sich aus der Form der Fläche/Linie, die Sie erzeugen wollen. Für eine Fläche/Linie mit rechteckiger oder quadratischer Form halten Sie den Marker in der Position: 90 Grad = P 90 (Abb. C). Für eine Fläche/ Linie mit einer Rautenform halten Sie den Marker in der Position: 45 Grad = P 45 (Abb. D).

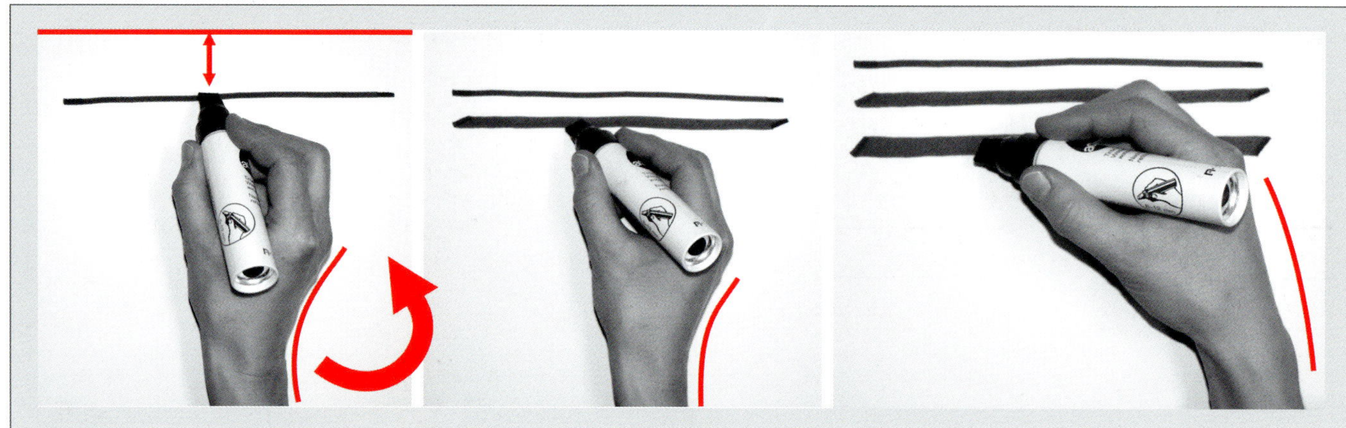

Abb. A

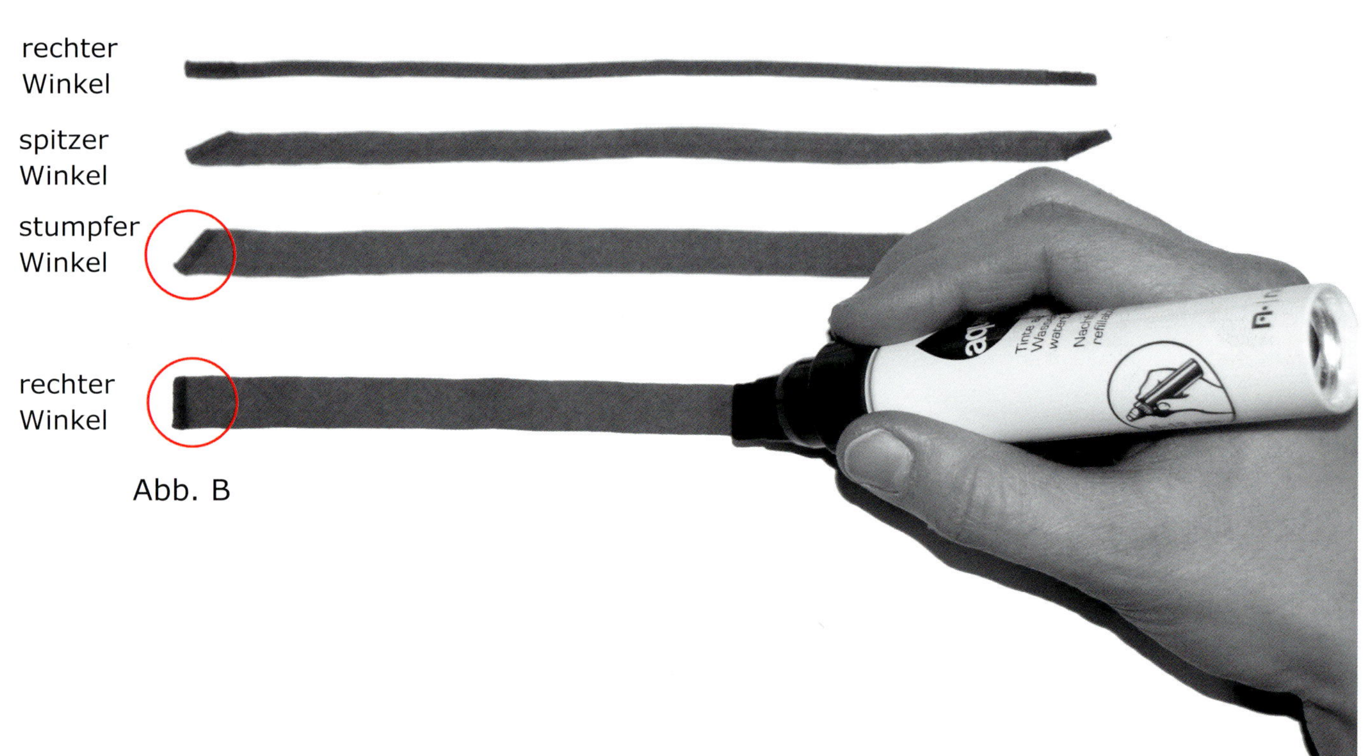

Abb. B

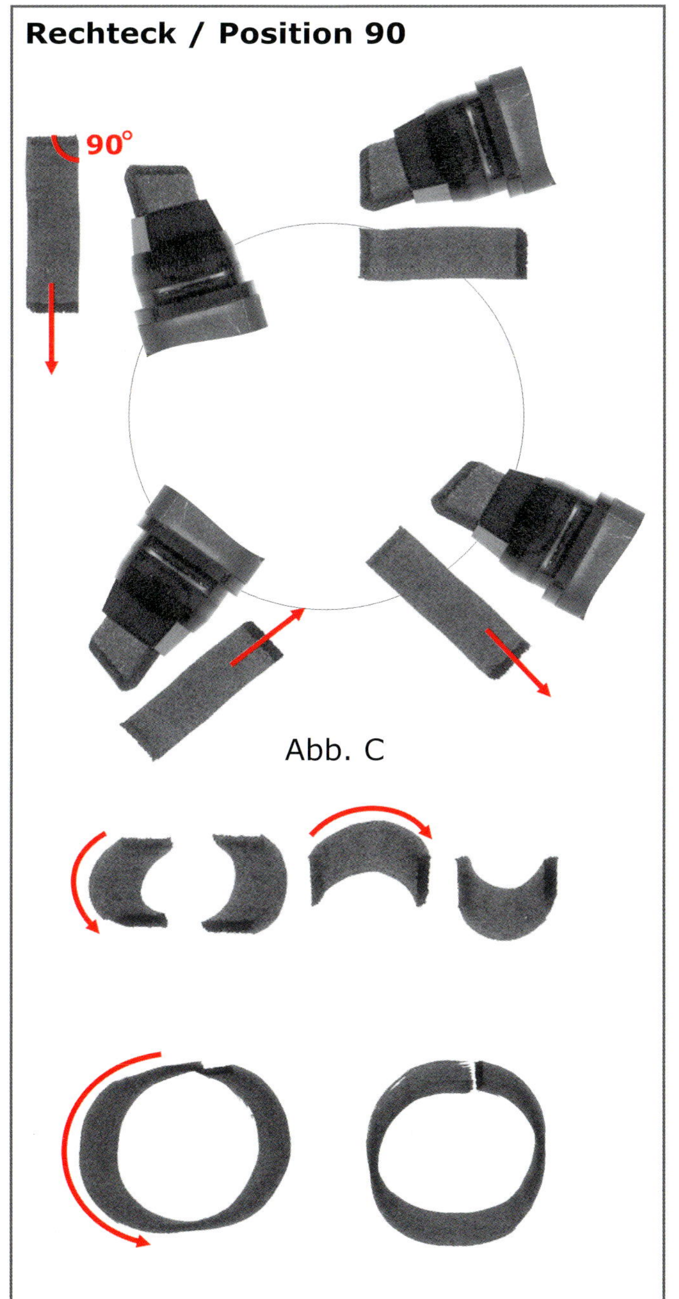

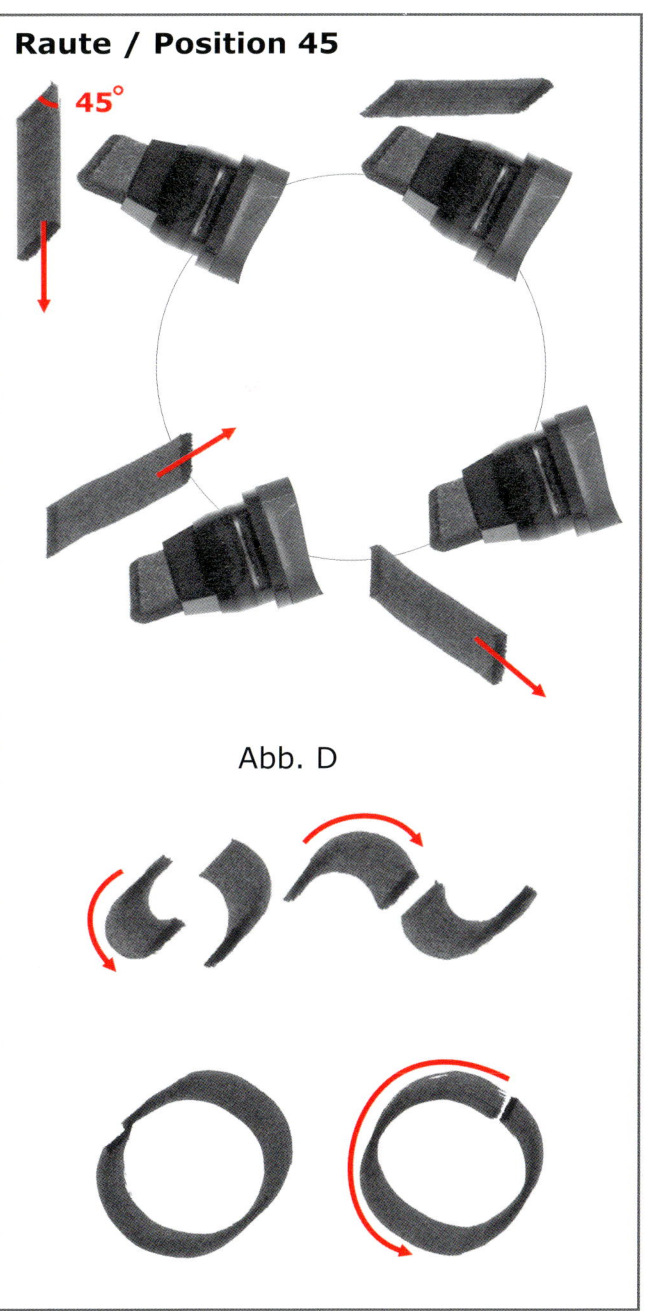

Aus der jeweiligen Position wird nun der Marker in die Richtung gezogen, in der die Fläche bzw. Linie auf dem Malgrund liegen soll (Abb. C u. D). Bevor Sie also den Marker aufsetzen, sollte Ihnen die Form der jeweiligen Fläche bzw. Linie und deren Verlauf bewusst sein.

Für gebogene Flächen bzw. Linien gelten die gleichen Positionen (P 90 und P 45). Bei P 90 erhalten Sie Bögen, deren beiden Enden spitz auslaufen. Bei P 45 erhalten Sie Bögen, die an einem Ende spitz und am anderen Ende breit auslaufen. Die Haltung des Markers bleibt bestehen und folgt nur der jeweiligen Malrichtung der Fläche bzw. Linie. Auch Vollkreise können in P 90 und P 45 gezogen werden (Abb. C u. D).

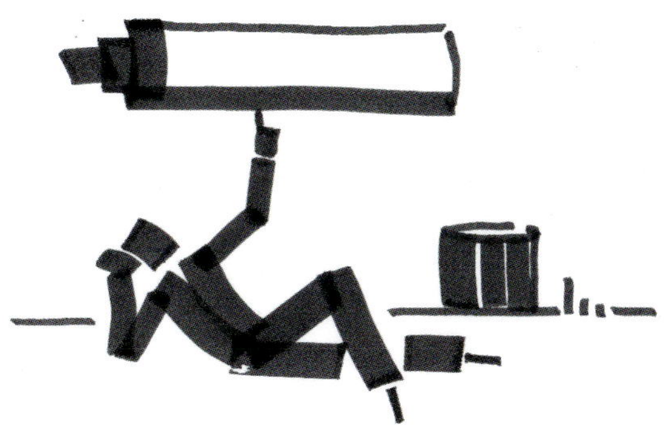

Strichfolge der Marker-Männerfigur

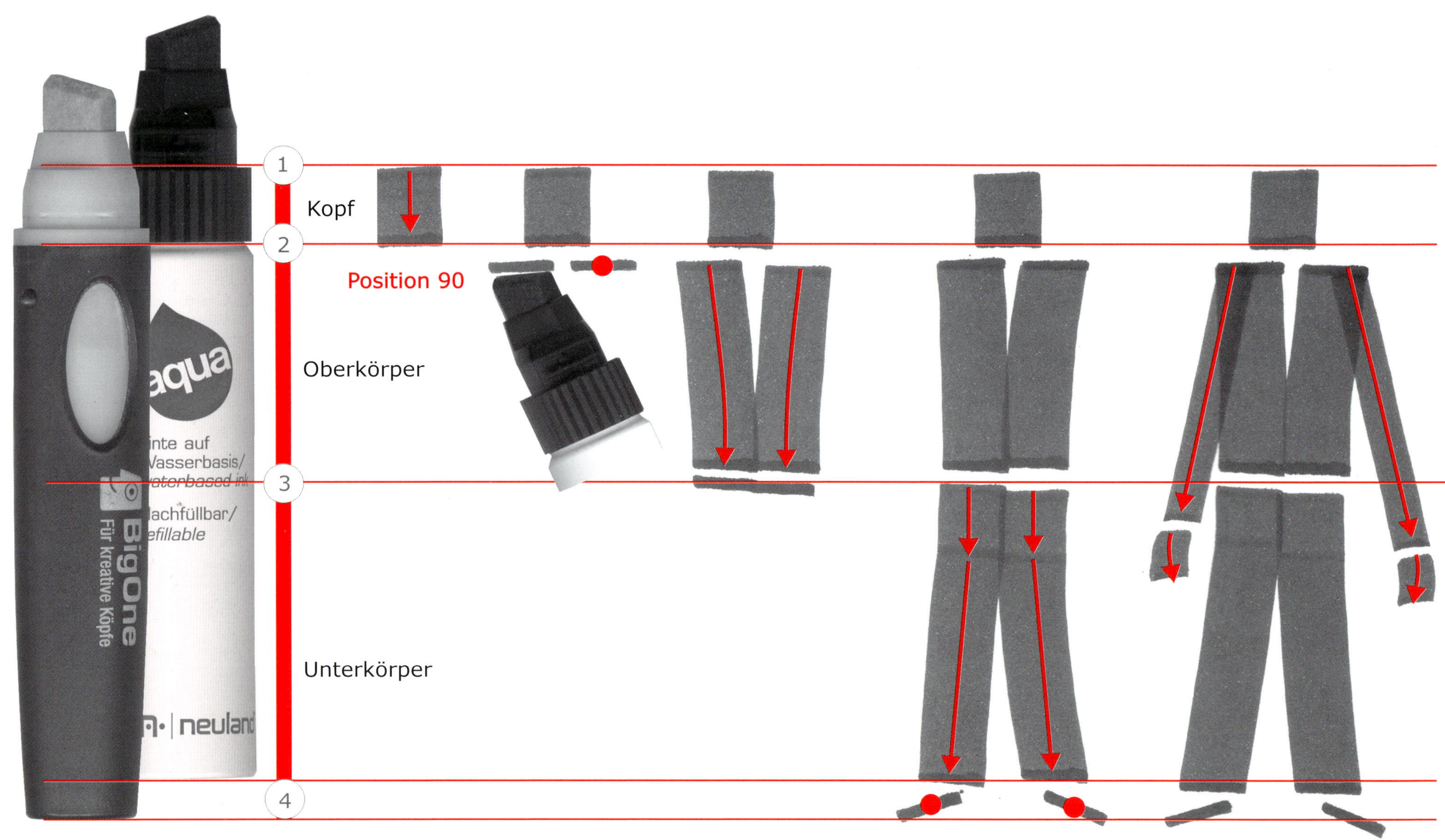

Abb. A

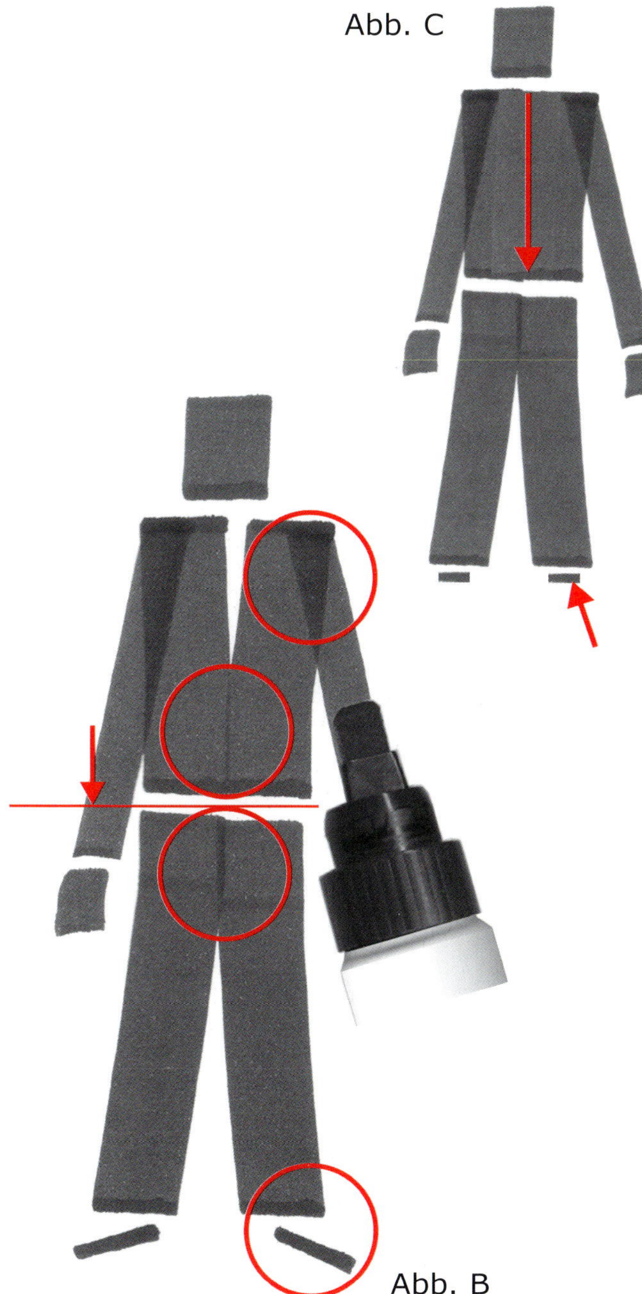

Markerfiguren

Der laufende Strich - So einfach geht´s mit den Männern!

Legen Sie grundsätzlich als erstes die Proportionen Ihrer Figur fest. Die Proportionen ergeben sich aus den Strichstärken des Markers, den Sie benutzen. Am Anfang ist es hilfreich, sich Hilfslinien zu ziehen und diese dann unter das Zeichenpapier zu legen, in die Sie dann die Figur einzeichnen können. Die Figuren sollten bei den breiten Markern das Maß von 11,5 cm Höhe (Seitenmaßlinie) nicht überschreiten. Daraus ergeben sich folgende Abmessungen: 1,5 cm für den Kopf, Oberkörper 4,5 cm und Unterkörper 5,5 cm Höhe (Abb. A). Viele Marker besitzen markante Punkte wie Griffmarkierungen, Beschriftungen, Zeichen und Logos, die man für die Proportionen der Figuren gut nutzen kann (Abb. A). Der Marker wird bei allen Teilen der Figuren in Position 90 aufgesetzt und in dieser Stellung geführt. Markieren Sie sich am Anfang Ihrer Übungen die Ausgangs- und Endpunkte Ihrer Linien durch ein kurzes Aufsetzen der Markerspitze. Das gibt Ihnen die nötige Sicherheit. Wenn Sie etwas Übung haben, können Sie die Linien in eins durchziehen. Beginnen Sie mit dem Kopf, dann den Oberkörper und die Beine. Legen Sie die Oberkörperlinien so an, dass sich die Linien nur leicht überschneiden.

Die Beinlinien sollten sich im oberen Bereich auf einer Länge von 1 cm ebenso überschneiden und erst dann auseinander gehen (Abb B). Durch die Überschneidung entsteht ein Hosenbund. Als nächstes zeichnen Sie die Füße. Hierzu setzen Sie den Marker mit kurzem Andruck auf das Papier (bitte zeichnen Sie keine Füße). Die Füße sollten leicht nach unten abgewinkelt sein und etwas außerhalb der Mitte des jeweiligen Beines liegen (Abb. B). Für die Arme drehen Sie den Marker auf die schmale Seite der Spitze (Abb. B). Beachten Sie grundsätzlich, dass die Arme aus den Schultern Ihrer Figur herauskommen und die Länge der Arme so bemessen ist, dass diese über die Hüften der Figur reicht (Abb. B). Als letzten Arbeitsschritt bringen Sie nun die Hände mit zwei kurzen Bögen an der Figur an. Wenn Sie eine Figur von hinten zeichnen wollen, gehen Sie grundsätzlich genauso vor wie bei der Figur von vorn. Durch das Schließen der Brustpartie mit einer dritten Linie sowie das Anbringen von zwei kleineren, geradestehenden Füßen dreht sich die Figur einfach um. Die Füße werden auf der schmalen Kante des Markers durch einfaches Aufsetzen erstellt (Abb. C).

Strichfolge der Markerfigur von der Seite

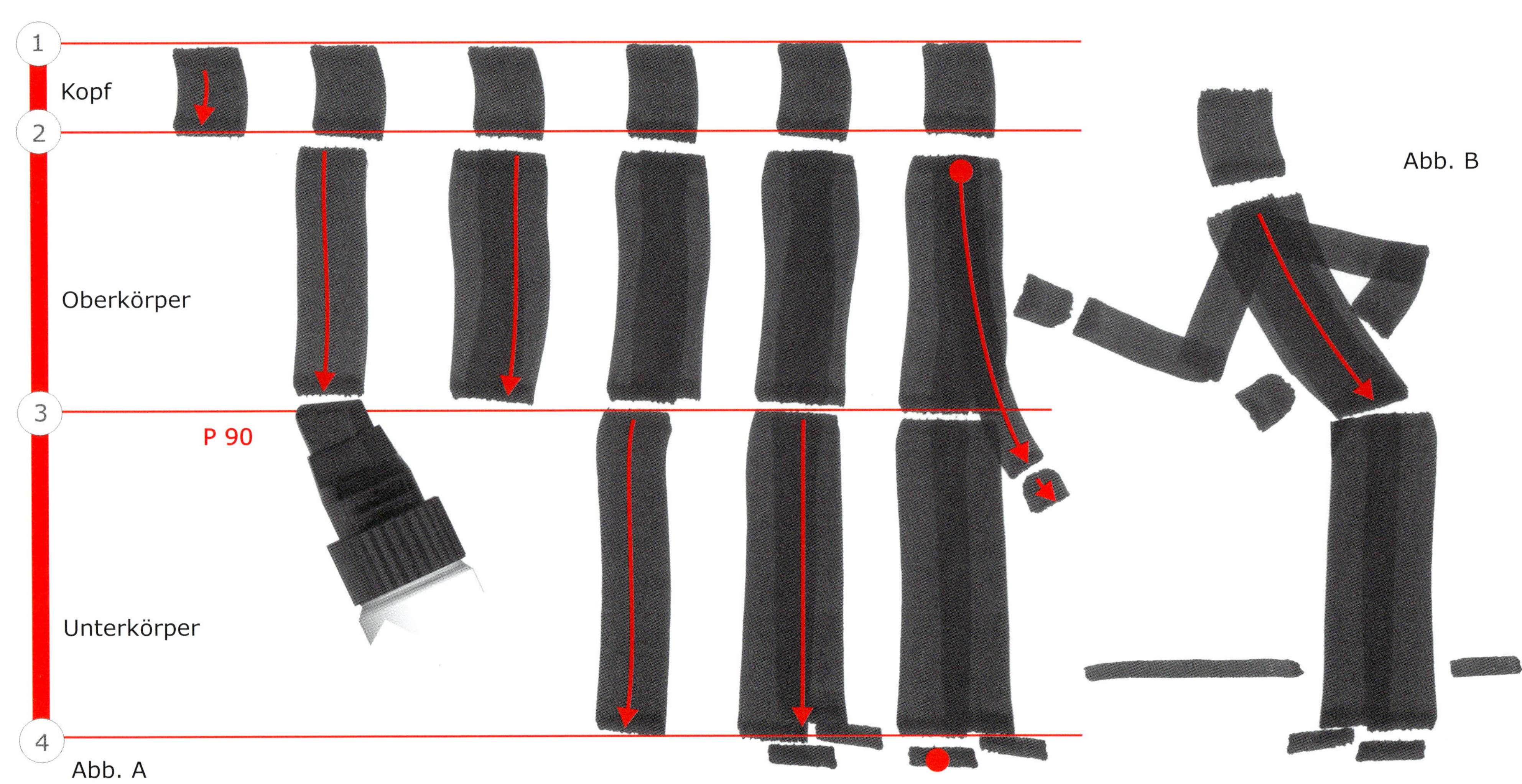

Figuren von der Seite

Die Figur wird in der P 90 ausgeführt.
Beginnen Sie wieder mit dem Kopf, dann
folgen Oberkörper, Beine, Füße, Arme und
Hände (Abb. A). Der Kopf ist ein leichter Bogen. Die gewölbte Seite stellt das
Gesicht dar. Die beiden Oberkörperlinien
überschneiden sich im Schulterbereich und
im Hüftbereich 5 bis 6 mm. Die Beine laufen bei geschlossenem Stand parallel nach
unten. Für die Füße setzen Sie den Marker
in der passenden Fußstellung kurz und mit
leichtem Druck auf das Papier. Zeichnen
Sie keine Linien für die Füße. Dies gilt für
alle Figuren. Nun ziehen Sie den Arm aus
dem Schulterbereich heraus. Als Letztes
folgt die Hand in einem leichten Bogen
(Abb. A).
Sie können die Figur ganz einfach modifizieren. Neigen Sie z.B. den Oberkörper
leicht nach vorne. Winkeln Sie die Arme an
und schon haben Sie eine Figur, die eine
andere Figur begrüßt (Abb. B). Die Längen von Oberarm und Unterarm halten Sie
gleich. Beide Längen entsprechen ungefähr
dem Durchmesser der großen Trainer-
Marker.

Üben Sie nur durch Veränderung des
Oberkörpers andere Haltungen. Mit etwas
Übung bekommen die Figuren mehr
Schwung in die Linienführung. Versuchen
Sie durch entsprechende Rundungen im
Rücken- und im Pobereich der Figur un-
terschiedliche Haltungen zu geben. Ist
der Kopf geneigt und der Rücken rund,
scheint die Figur traurig oder bedrückt.
Sind Kopf und Rücken aufrecht, so wirkt
die Figur stark und energetisch. Wenn Sie
die Linienführung immer klarer heraus-
arbeiten, werden die Haltungen der
Figuren immer eindeutiger (Abb. C).
Geben Sie jeder Figur, die
Sie von nun an visuali-
sieren, eine Grund-
linie. Damit binden
Sie die Figur
an einen Ort

und in einen Kontext ein. Die Grundlinien
werden auf der Ecke des spitzen Winkels
der Filzspitze gezogen. Drücken Sie den
Marker nicht zu fest auf, damit die Linie
möglichst dünn ausfällt. Setzen Sie die
Grundlinie an den Figuren möglichst groß-
zügig ab, damit
die Figur nicht
eingeklemmt
wirkt.

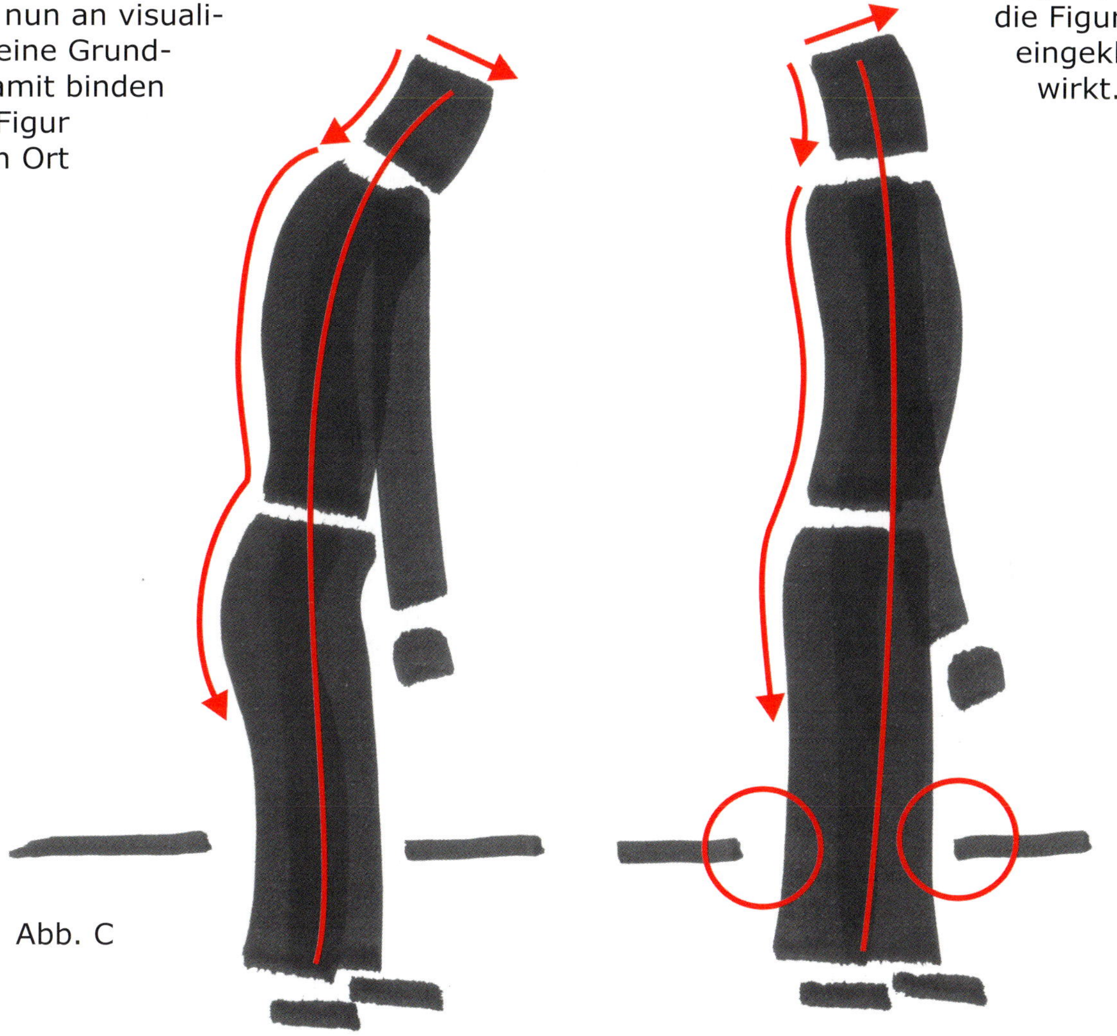

Abb. C

Strichfolge der gehenden Markerfigur

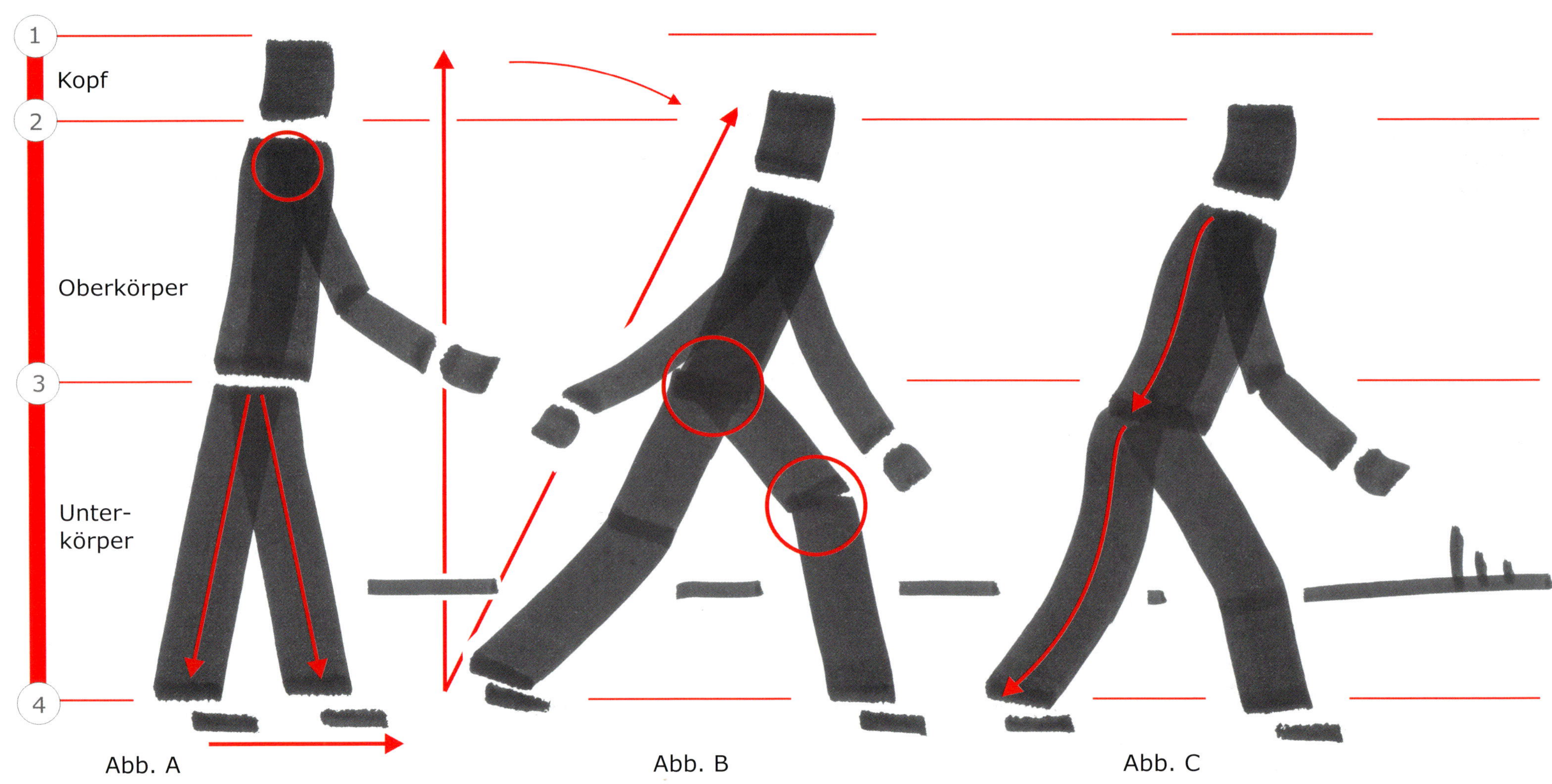

Figuren in Bewegung

Mit den nächsten Übungen werden wir die Marker-Figur in Bewegung setzen. Wir lassen sie von links nach rechts laufen. Fangen Sie wie immer mit dem Kopf der Figur an. Neigen Sie den Oberkörper leicht in die Gehrichtung und scheren Sie die Beine leicht auseinander. Die Füße weisen versetzt zu den Beinen in die Gehrichtung. Ziehen Sie die Arme aus der Überschneidunglinie der beiden Oberkörperlinien mittig heraus (Abb. A).

Wenn die Figur noch schneller und dynamischer ausschreiten soll, neigen Sie die Figur im Oberkörperbereich noch etwas mehr. Dadurch befindet sich der Kopf nicht mehr in dem Hilfslinienraster. Achten Sie darauf, dass die Figuren durch die starke Neigung, in der sie sich befinden, nicht zu groß werden (Abb. B u. C). Schließen Sie den Hüftbereich der Figur. Dies gilt für alle weiteren Figuren in dynamischen Bewegungen. Scheren Sie die Beine noch weiter auseinander und bilden Sie die Kniespitze bewusst aus (Abb. B). Setzen Sie den Marker an den Arm- und Beingelenken ruhig ab und ziehen Sie den Marker in P 90 in die jeweilige Richtung (Abb. D). Mit fortschreitender Übung können Sie die Figur wieder etwas runder ausformen (Abb. C). Das haucht den Figuren mehr Lebendigkeitein. Bleiben Sie immer klar und sauber in der Strichführung, den Ansätzen der Striche und den Proportionen der Figuren. Schauen Sie sich immer wieder Ihre Ergebnisse genau an und versuchen Sie

herauszufinden, ob *Schwimmer* und *Badehose* optimal aufeinander abgestimmt sind. Jeder Strich ist immer wieder eine Herausforderung.

Miles Davis hat einmal gesagt:

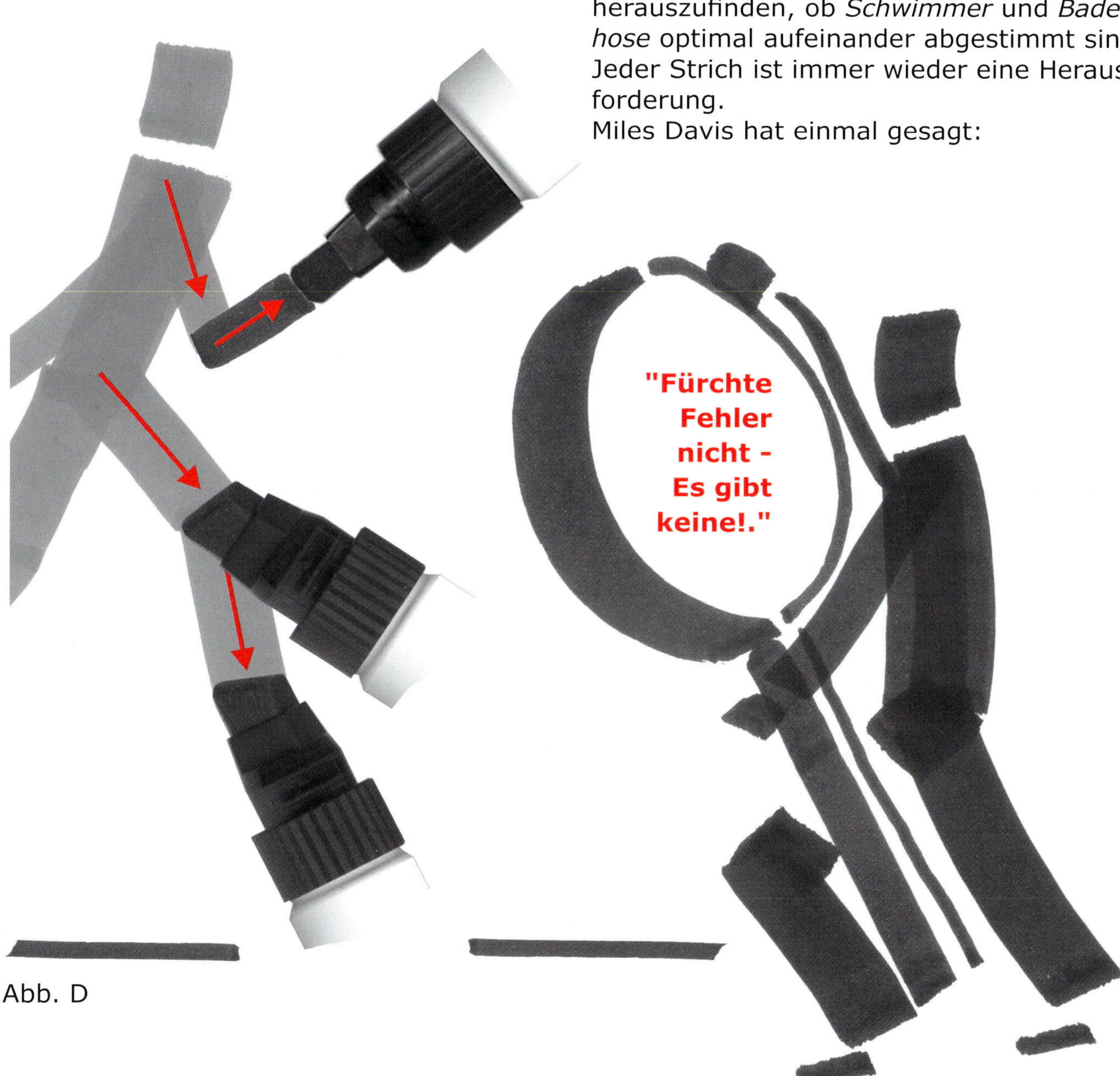

Abb. D

Laufende Markerfigur

Lassen Sie die Figur mal so richtig laufen!
Bringen Sie die Arme mit in die Laufbe-
wegung. Setzen Sie die Figuren in unterschiedlichen Neigungswinkeln auf das
Papier, so dass die Füße der Figur mal
über und mal unter dem Horizont liegen.
Bringen Sie drei unterschiedlich lange dünne Linien an die vordere Figur und schon
läuft diese noch schneller (Abb. A).

Setzen Sie über die beiden Figuren eine
halbe Figur in der Vorderansicht, so haben
unsere beiden Kontrahenten einen Zu-
schauer bekommen. Versuchen Sie nicht
zwischen die unteren Figuren die Beine
und Füße des Zuschauers anzubringen,
das würde die gesamte Figuration undeut-
lich machen - Weniger ist mehr! Am Ende
unseres Wettkampfes kann es nur Einen
geben! Der Sieger ist schnell gemacht.

Abb. A

Neigen Sie die komplette Strichreihe des Oberkörpers der springenden Figur nach links. Setzen Sie nun den Marker für den linken Oberschenkel so an, dass Sie einen steilen Strich von unten nach oben ausführen können. Der Oberschenkelstrich hat die Länge des Oberkörpers. Dann zeichnen Sie in einem leichten Bogen den Unterschenkel aus dem Knie kommend an die Figur. Mit dem linken Bein schließen Sie den Bauchraum. Versehen Sie auch diesen Strich mit einem sanften Bogen. Die Fußspitzen weisen nach unten - das lässt die Figur richtig vom Boden abheben. Drei Bewegungsstriche - So werden Sieger gemacht! (Abb. B)

Ja, und was ist mit dem? Der sieht aber ganz schön geknickt aus. Kopf gesenkt, Rücken leicht rund und die Beine dicht an den Oberkörper gezogen. Erschöpft sitzt unsere zweite Figur im Gras. Wie gut, wenn man Freunde hat, die zu einem halten (Abb. C). Wenn Sie Bewegungsabläufe üben, ist es sehr ratsam, dass Sie sich dazu Geschichten ausdenken. So werden Sie Schritt für Schritt immer sicherer und erwecken so die Figuren zum Leben.

Abb. B

Abb. C

Figur kommt und geht!

Wenn die Figur auf uns zu kommt oder von uns weg geht, dann ziehen Sie einfach einen Arm und ein Bein auf einer Seite der Figur länger aus (Abb. A). Die Füße neigen Sie in die Gehrichtung. Die Ferse sollte mittig unter dem jeweiligen Hosenbein liegen. Geht die Figur, so schließen Sie den Ausschnitt mit einem breiten Markerstrich und setzen den einen Fuß in Gehrichtung vor das kurze Bein und den anderen Fuß an die untere rechte Ecke des linken Beines (Abb. A). Durch die Verkürzung des Armes und des Beines bekommen die Figuren ihre Laufrichtung. Setzen Sie die Figur auf einen fluchtenden Weg, der auf einen Horizont zuläuft und die Gehrichtung wird noch stärker herausgehoben. Betonen Sie den Weg durch unterschiedliche Strichstärken.

Abb. A

Malen Sie den Horizont und die linke Begrenzung des Weges auf einer der Ecken Ihres Markers. So wird die Linie schön dünn. Die rechte Begrenzungslinie malen Sie auf der schmalen Kante des Markers. Die unterschiedlichen Strichstärken und das Fluchten der Wegbegrenzungen geben dem Bild die nötige Tiefe für die Gehrichtungen der beiden Figuren (Abb. A). Versuchen Sie einmal, die Figuren zur anderen Seite laufen zu lassen.

Figurengruppen

Wenn Sie Figurengruppen wie die neben-stehende 3er Gruppe zeichnen wollen (Abb. A), legen Sie als erstes die Positionen fest. Hierzu zeichnen Sie die Köpfe und dann markieren Sie die Schulterpunkte durch kurze, aber präzise Aufsetzer. Achten Sie darauf, dass die Figuren genügend Abstand voneinander haben (Abb. B). Im Anschluss daran zeichnen Sie die außenstehenden Figuren komplett fertig (Abb. B). Nun folgt die mittlere Figur. Ziehen Sie den Oberkörper passend zwischen die beiden anderen Figuren. Dann folgen die Beine und die Füße. Auch hier gilt: Keine Linie schneidet eine andere.

Lassen Sie bei Hintergrund- zu Vordergrundüberschneidungen die Körperteile einfach weg oder verkürzen Sie die Linien entsprechend. So entstehen *Blitze* bzw. Löcher (Abb. B), die Ihre Zeichnungen leicht und lebendig machen.

Abb. A

Abb. B

Große Gruppe

Sie können die 3er Gruppe beliebig vergrö-
ßern, indem Sie zu einer oder zu beiden
Seiten Figuren hinzufügen. In der nebenstehenden Abbildung A haben wir zwei
Figuren an der linken Seite und vier Köpfe
im Hintergrund angebracht. Und so wird es
gemacht:
Setzen Sie neben die 3er Gruppe zwei
weitere Köpfe, markieren Sie dann die
Schultern (Abb. B). Dann zeichnen Sie die
linke Oberkörperhälfte und das linke Bein
mit Fuß der halben Figur. Danach folgt die
Figur links außen. Im letzten Arbeitsschritt
fügen Sie die vier Köpfe in die Lücken
zwischen die anderen Figuren. Auf diese
Weise können Sie ganze Fußballstadien mit
Figuren füllen (Abb. A).

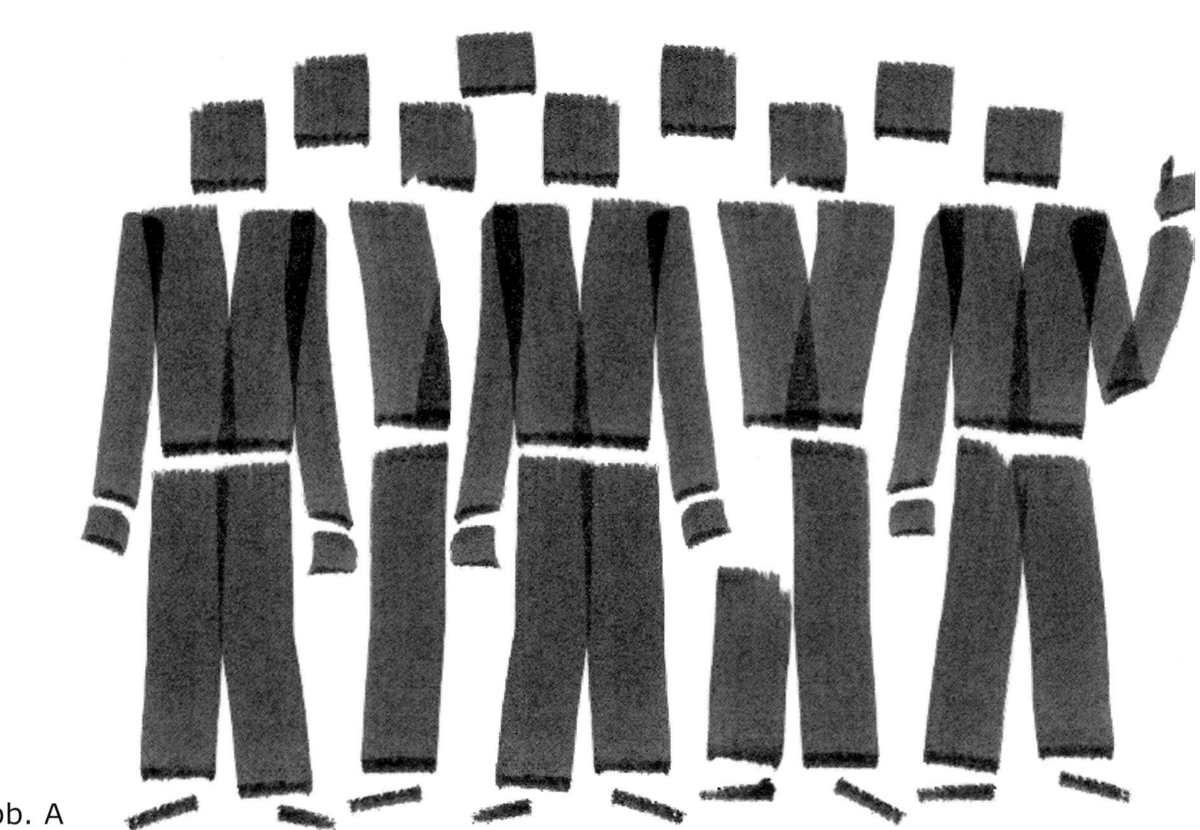

Figuren in komplexen Situationen

Versuchen Sie nun die hier abgebildeten Figurationen nachzumalen. Beginnen Sie mit den Köpfen, das übt die Einschätzung von Distanzen der einzelnen Figuren.

Figuren: Fallend und stürzend

Figuren: Am Boden interagierend

Figuren: Sitzend und tanzend

Figuren: Liegend und hockend

Figuren: Ausgrenzend und isoliert

Figuren: Versöhnend und zugewandt

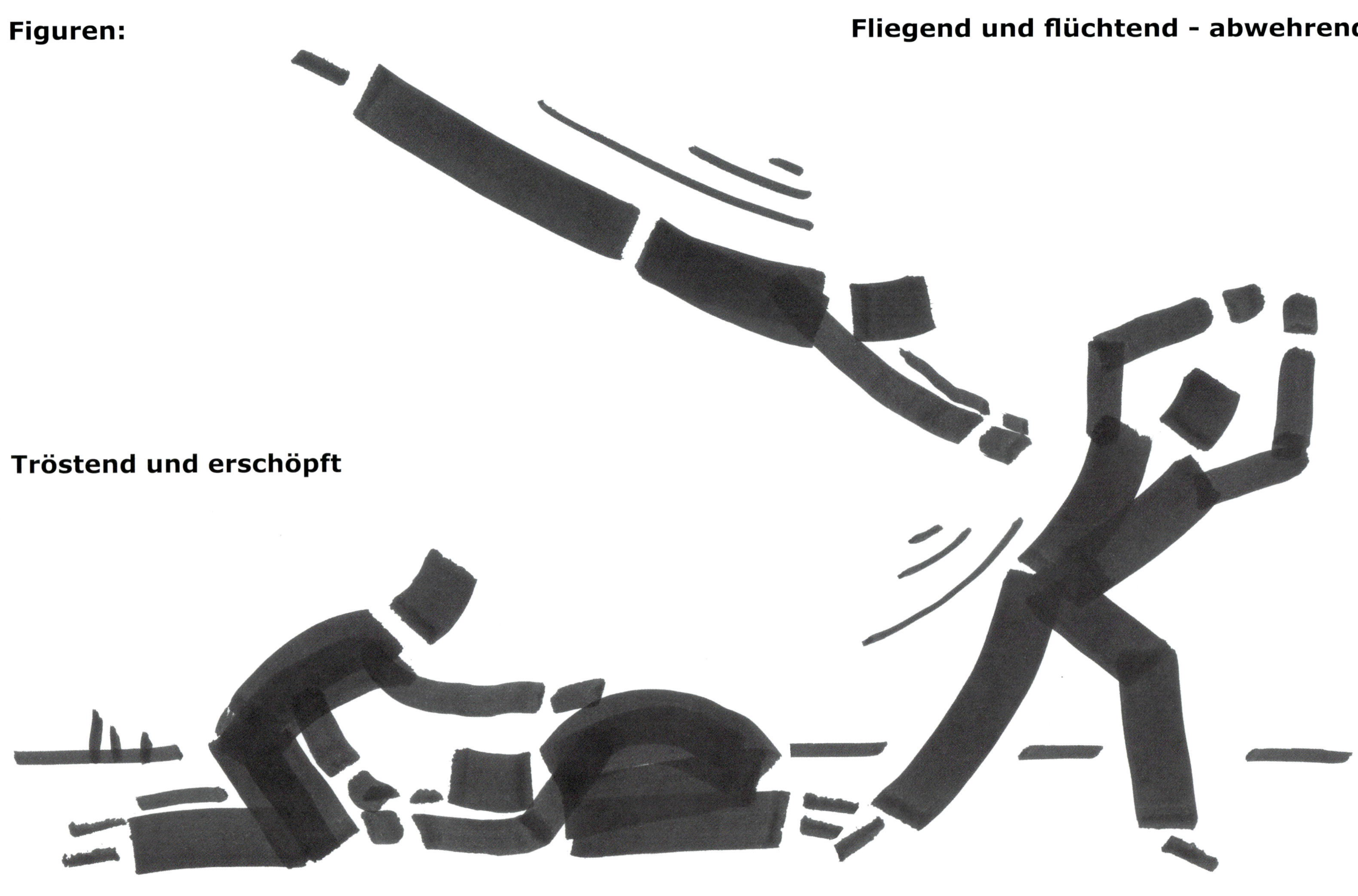

Tröstend und erschöpft

Figuren: Sitzend

Figuren: Sammelnd, hockend und hilfsbereit

Figuren: Bodenturnen mit Hilfestellung

Figuren: Springend, hängend und kletternd

(70% verkleinert)

Figuren: Schiebend, sitzend auf Kiste und ziehend

Auf dem Fahrrad
Boxkampf
Bockspringen

Wo sind die
...finde SIE

Strichfolge der Marker-Frauenfigur

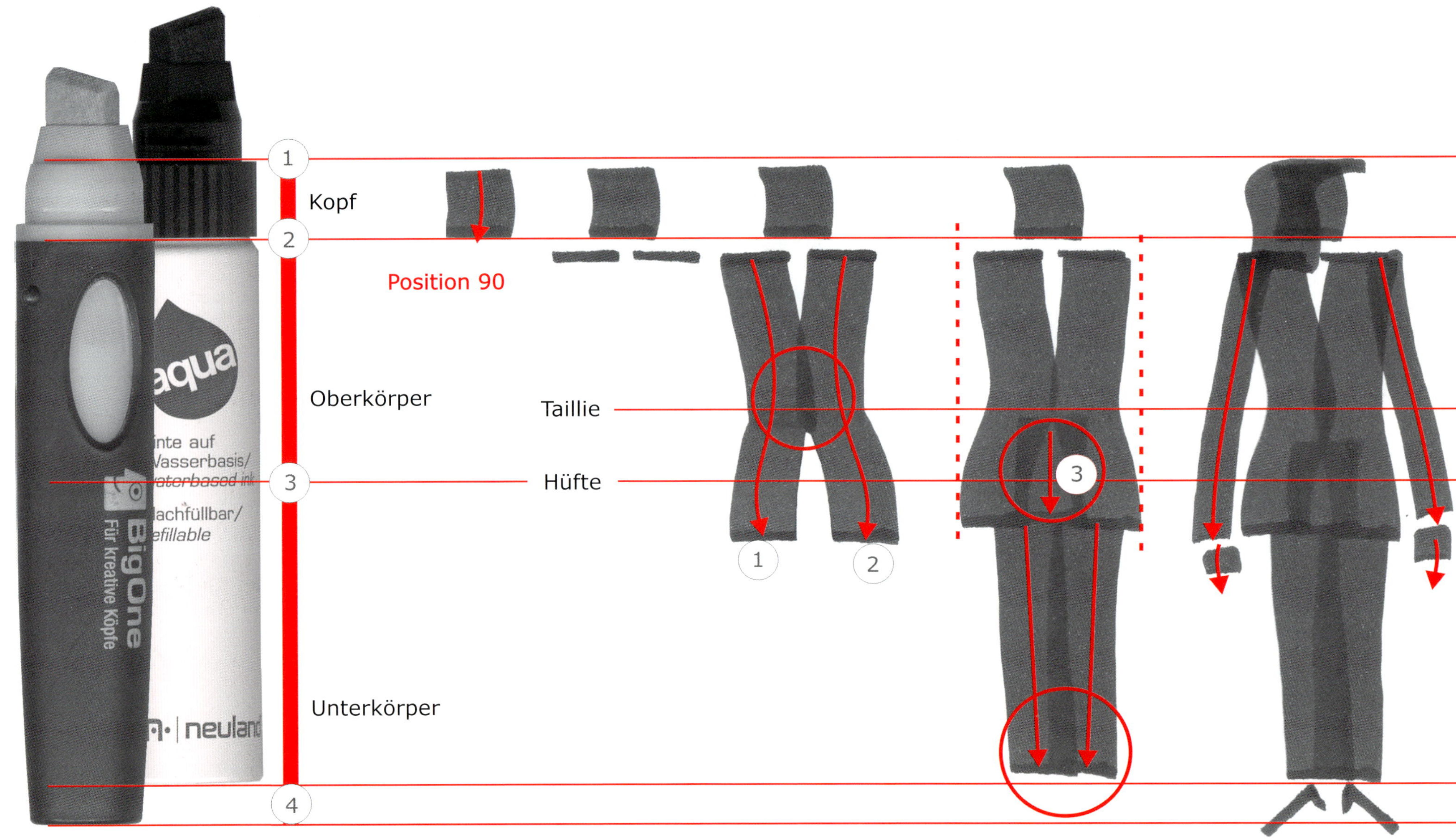

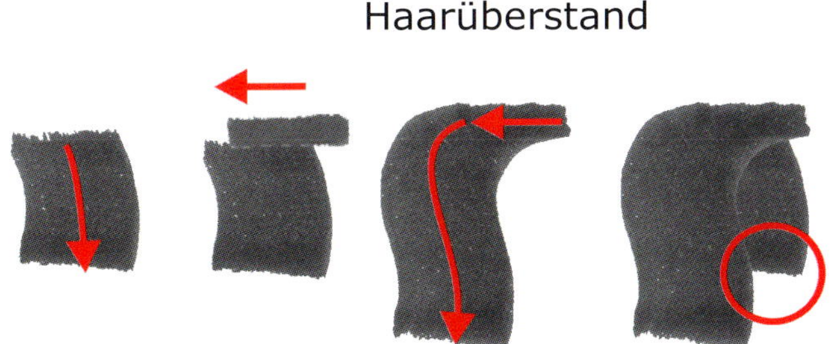

Marker-Frauenfigur

Der laufende Strich - Auf Taille und Hüfte kommt es an!

Legen Sie wie bei den Männern als erstes die Proportionen Ihrer Figur fest. Die Proportionen ergeben sich aus den Strichstärken des Markers, den Sie benutzen. Am Anfang ist es hilfreich, sich Hilfslinien zu ziehen und diese dann unter das Zeichenpapier zu legen. Die Figurengröße ist genauso wie bei den Männern anzulegen. Nutzen Sie auch bei den Frauen die markanten Punkte wie Griffmarkierungen, Beschriftungen, Zeichen und Logos für die Proportionen der Figuren (Abb. A). Der Marker wird bei allen Figuren in Position 90 aufgesetzt und in dieser Stellung geführt. Beginnen Sie wie bei den Männern mit dem Kopf. Der Kopf der Frauen schaut zur Seite, damit wir als Abschlußstrich die Haare anbringen können. Dann visualisieren Sie den Oberkörper und die Beine. Die Frauen besitzen eine Hilfslinie mehr als die Männer (Taille). Legen Sie die Oberkörperlinien so an, dass sich die Linien zur Taille hin leicht überschneiden und zu den Hüften etwas breiter als die Schultern wieder auseinander gehen. Schließen Sie die Leibesmitte mit einem weiteren breiten Strich. Die Beinlinien beginnen direkt am Oberkörper. Die Linien sollten sich im oberen Bereich leicht und im weiteren Verlauf zu den Fesseln etwas stärker überschneiden (Abb. A). Der Beinverlauf verjüngt sich zu den Fesseln. Als nächstes zeichnen Sie die Füße. Setzen Sie für die Füße den Marker mit kurzem Andruck auf das Papier, kippen Sie nun den Marker auf die Ecke des stumpfen Winkels Ihrer Markerspitze und ziehen Sie den Marker auf der Ecke kurz nach unten. So entsteht der Absatz der Damenschuhe. Die Schuhe sollten leicht nach unten abgewinkelt sein und etwas aus der Mitte des jeweiligen Beines liegen (Abb. B). Die Arme und Hände zeichnen Sie auf der schmalen Seite des Markers (Abb. A). Beachten Sie, dass die Arme aus den Schultern Ihrer Figur heraus kommen und dass die Länge der Arme so bemessen ist, dass diese über die Hüften der Figur reicht (Abb. A). Als letzten Arbeitsschritt bringen Sie nun die Haare an. Setzen Sie den Marker dabei so an der Stirn des Kopfes auf, dass ein Haarüberstand entsteht. Aus dieser Position ziehen Sie den Marker auf der Filzkante zwei Millimeter nach links und fahren dann in einem leichtem S-Bogen nach unten. Achten Sie darauf, dass die beiden Linien sich stark überschneiden, so dass nur noch das Kinn des Kopfes aus der Haarlinie heraus schaut (Abb. C).

Strichfolge der Markerfigur von der Seite

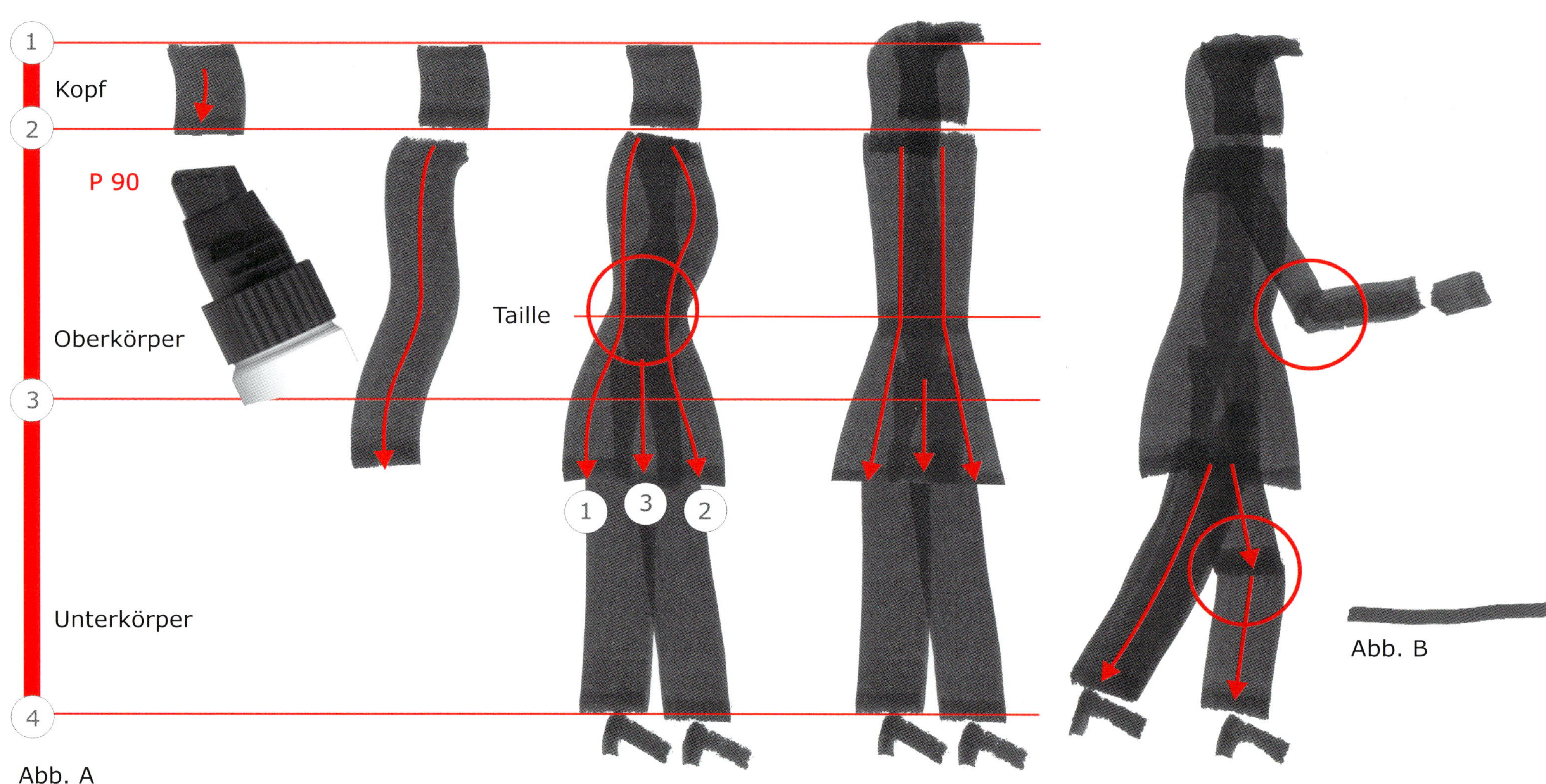

Frauenfigur von der Seite

Die Frauenfigur von der Seite wird wie alle anderen Figuren auch in der P 90 ausgeführt. Beginnen Sie wieder mit dem Kopf, dann folgen Oberkörper, Beine, Füße, Arme und Hände (Abb. A und B). Der Kopf ist ein leichter Bogen. Die beiden Oberkörperlinien verlaufen in zwei unterschiedlichen Schwüngen. Beide Linien überschneiden sich im Schulterbereich und im Taillenbereich 5 bis 6 mm. Im Hüftbereich der Figur laufen die beiden Linien 5 mm nach unten auseinander. Beginnen Sie mit der Rückenlinie und dann zeichnen Sie die Brustlinie. Folgen Sie bei diesen Linien den roten Führungspfeilen (Abb. A, Pfeil 1 und 2). Schließen Sie die Brust- und Rückenlinie mit einer dritten kurzen Linie (Abb. A, Pfeil 3). Versuchen Sie die Taille der Frauenfigur zu betonen. Die Beine laufen nach unten leicht geschert auseinander. Für die Füße setzen Sie den Marker in der passenden Fußstellung kurz und mit leichtem Druck auf. Ziehen Sie auf der stumpfen Winkelecke der Markerspitze den Absatz direkt mit einer kurzen Bewegung nach unten aus (Abb. A). Wenn Ihnen die schwungvollen Oberkörperlinien der Frauen nicht gelingen wollen, können Sie die Frauenfigur etwas vereinfachen. Ziehen Sie die Rücken- sowie die Brustlinie symmetrisch verjüngend zur Taille hin. Von diesem Punkt aus laufen die Linien in einem flachen Winkel nach außen (Abb. A). Schließen Sie den Abstand zwischen den beiden Linien mit einer kurzen dritten Linie. Diese Variante ist wesentlich einfacher, nur nicht ganz so weiblich wie die erste Variante. Der Arm wird aus dem Schulterbereich herausgezogen und mit einer Hand versehen (Abb. B). Als letzten Arbeitsschritt setzen Sie die Haare auf die Figur. Dies geschieht auf die gleiche Weise wie bei der Vorderansicht »Abb. A« auf Seite 42. Sie können die Figur ganz einfach modifizieren. Neigen Sie den Oberkörper leicht nach vorne. Ziehen Sie die Beine zum Schritt auseinander und winkeln Sie ein Bein leicht an. Winkeln Sie auch die Arme an und schon haben Sie eine Figur, die eine andere Figur begrüßt (Abb. B). Halten Sie die Längen von Oberarm und Unterarm gleich. Beide Längen entsprechen ungefähr dem Durchmesser der großen Trainer-Marker.
Versuchen Sie, die Figur in die rechte wie in die linke Richtung auszuführen. Verändern Sie auch die Haarlängen und die modischen Feinheiten (Abb. C/rote Kreise).

Kürzere Haare

Kürzeres Oberteil

Abb. C

ER trifft SIE

Geschichten in Bildern

Wenn Sie die Strichfolgen der einzelnen Figuren geübt haben, fangen Sie an, mit den Figuren kleine *Beziehungsgeschichten* zu erzählen. Lassen Sie die Figuren miteinander in Kontakt treten. Sie müssen am Anfang keine eigenen Figuren entwickeln. Nutzen Sie die vorgegebenen Figuren aus dem Buch und kopieren Sie diese immer wieder, bis Sie zunehmend sicherer werden. Erst dann fangen Sie an, eigene Figuren zu entwickeln. Stellen Sie die Figuren in immer neue Situationen und vergessen Sie nicht, die Horizontlinie zu malen. Lassen Sie die Figuren immer nur auf einer horizontalen Ebene agieren, da Sie sonst mit den Größen der Figuren variieren müssten. Die Figuren wirken am besten, wenn Sie die vorgegebenen Maße einhalten.

»Und wie geht es weiter?«

»Wir müssen uns um die *TYPEN* kümmern!«

Schritt für *Schrift* - An den Lautzeichen erkennst du die Schrift*TYPE*!

Von der Handschrift zur gestalteten Schrift

Die Schrift*TYPEN* sind wichtige Elemente für eine gute Gestaltung von Charts und Pinnwänden. Unsere lateinischen Buchstaben gehören in die Reihe der phonetischen Zeichen. Jeder Buchstabe verkörpert einen sprachlichen Laut. Laut und Zeichen sind in der menschlichen Kulturgeschichte auf das engste miteinander verkoppelt. Der Begriff *Typographie* weist noch auf diesen Zusammenhang hin. Der Buchstabe ist das Abbild eines Lauttypus.

Wenn Sie in Zukunft Buchstaben auf eine zu gestaltende Fläche bringen, geben Sie diesen eine wirkliche Gestalt. Ein Buchstabe ist mehr als nur ein Informationsträger, der mit anderen Informationsträgern ein Wort und ganze Sätze ergibt. Buchstaben, Worte und Sätze als Gestaltungselement zu begreifen und sie dementsprechend bewusst zu gestalten, ist eine spannende Kunst.

Für eine gut gestaltete Moderations- und Trainingsarbeit brauchen Sie eine schnelle und gut lesbare Handschrift. Sie können Ihrer Handschrift eine höhere Klarheit und Präzision zukommen lassen, indem Sie den Marker konsequent während des gesamten Schreibvorgangs in einer 45 Grad Position führen (Abb. A).

Neben Ihrer persönlichen Handschrift sollten Sie noch einige weitere Schriften verwenden. Ich habe für Sie drei Arten von Schriften ausgewählt: Die Standardschrift (S. 50), die Standardschrift mit Schatten (S. 53) und eine Outlineschrift (S. 56). Die Einsatzmöglichkeiten dieser Schriften sind sehr verschieden. (Mehr dazu in den einzelnen Kapiteln)

Wenn Sie mit den Schriften experimentieren und üben, wird sich auch der Stil Ihrer Handschrift verändern. Die Lesbarkeit und Klarheit der einzelnen Buchstaben und Wörter werden größer und Sie können besser abschätzen, wieviel Text Sie auf ein Flipchartformat bekommen. Malen statt Schreiben steht am Anfang unserer Buchstabenreise.

Abb. A

Standardschrift

... die Klare unter den Schriften.

Für diesen Schrifttyp wird der Marker in P 45 gehalten. Diese Haltung wird im Malprozess nicht verändert. Jeder Buchstabe wird einzeln gemalt. Auch die einzelnen Buchstabenelemente werden bewusst abgesetzt. Eine Schrift ist in drei Bereiche gegliedert: Oberlänge, Körper und Unterlänge. Die drei Bereiche sind in Abb. A mit den Zahlen 1, 2 und 3 gekennzeichnet. Den Proportionen der Buchstaben liegt folgendes Raster zu Grunde. Die Gesamtgröße einer Schrift entspricht dem Maß des Korpus eines Trainermarkers oder 4 Kästchen eines Standardflipchartpapiers. Großbuchstaben und Kleinbuchstaben mit Oberlänge haben die Höhe von 3 Kästchen. Die Kleinbuchstaben ohne Oberlänge haben die Höhe von 2 Kästchen. Buchstaben mit Unterlänge laufen über 3 beziehungsweise 4 Kästchen. Die Laufweiten, damit ist der Abstand zwischen den Buchstaben ge-

meint, ist bei dieser Schrift sehr variabel zu handhaben, sollte sich aber im Maß von 3 bis 8 mm bewegen. Wichtig ist, dass Sie den Abstand optisch möglichst gleichmäßig anlegen. Verzichten Sie bei dieser Schrift auf alle Haken, Schnörkel und sonstige Anlehnungen an eine Handschrift. Durch

die 45 Gradposition der Markerführung bekommt die Schrift je nach Strichneigung oder Rundung eines Buchstabens eine unterschiedliche Strichbreite. Das macht die Schrift besonders gut lesbar. Durch die Klarheit der Schrift bekommen Sie auch große Textmengen auf ein Chart.

Standardschrift: Alle auf einen Blick

Aa Bb Cc Dd Ee Ff Gg Hh

Ii Jj Kk Ll Mm Nn Oo Pp Qq

Rr Ss Tt Uu Vv Ww Xx Yy Zz

Ein Schriftplakat mit Figuren

Und so sieht die Schrift in der Anwendung aus. Versuchen Sie jeden Buchstaben einzeln zu schreiben und dennoch im Schreibfluss zu bleiben.

Es heißt:

„Wer in seinem Herzen ruhig ist, dem erscheinen Tage und Monate lang." Deshalb sollten auch sehr beschäftigte Leute von Zeit zu Zeit die Stille im Herzen aufsuchen.

Schattenschrift

... die bringt Licht in die Sache!

Die Schattenschrift ist unsere Standardschrift in Gelb mit einem schwarzen Schatten. Der Schatten wird mit einem schwarzen kleinen Marker auf der breiten Seite gezeichnet. Zuerst zeichnen Sie Ihr Wort oder Ihren Satz mit einem gelben Marker und dann hinterlegen Sie den Schatten. Der Schatten sollte den Buchstaben zu zwei Seiten begrenzen. Die Praxis hat gezeigt, dass es sinnvoll ist, den Schatten nach rechts unten zu legen. So ist der Buchstabe sehr gut lesbar (Abb. A). Der schwarze Marker muss je nach Lage des Buchstabenelements mal in P 90 oder in P 45 geführt werden (Abb. B). Bei Rundungen wie bei dem Buchstaben S wird die Markerspitze immer parallel zur oberen Blattkante geführt und ein Stück unter- oder oberhalb einer Rundung gelegt. Die schwarze Linie endet dann automatisch an dem Punkt, wo sich die dünnste Strichstärke ergibt (Abb. B/rote Kreise). Zeichnen Sie einmal nur einen Schatten. Haben Sie diesen richtig angelegt, so können Sie den fehlenden Buchstaben trotzdem lesen.

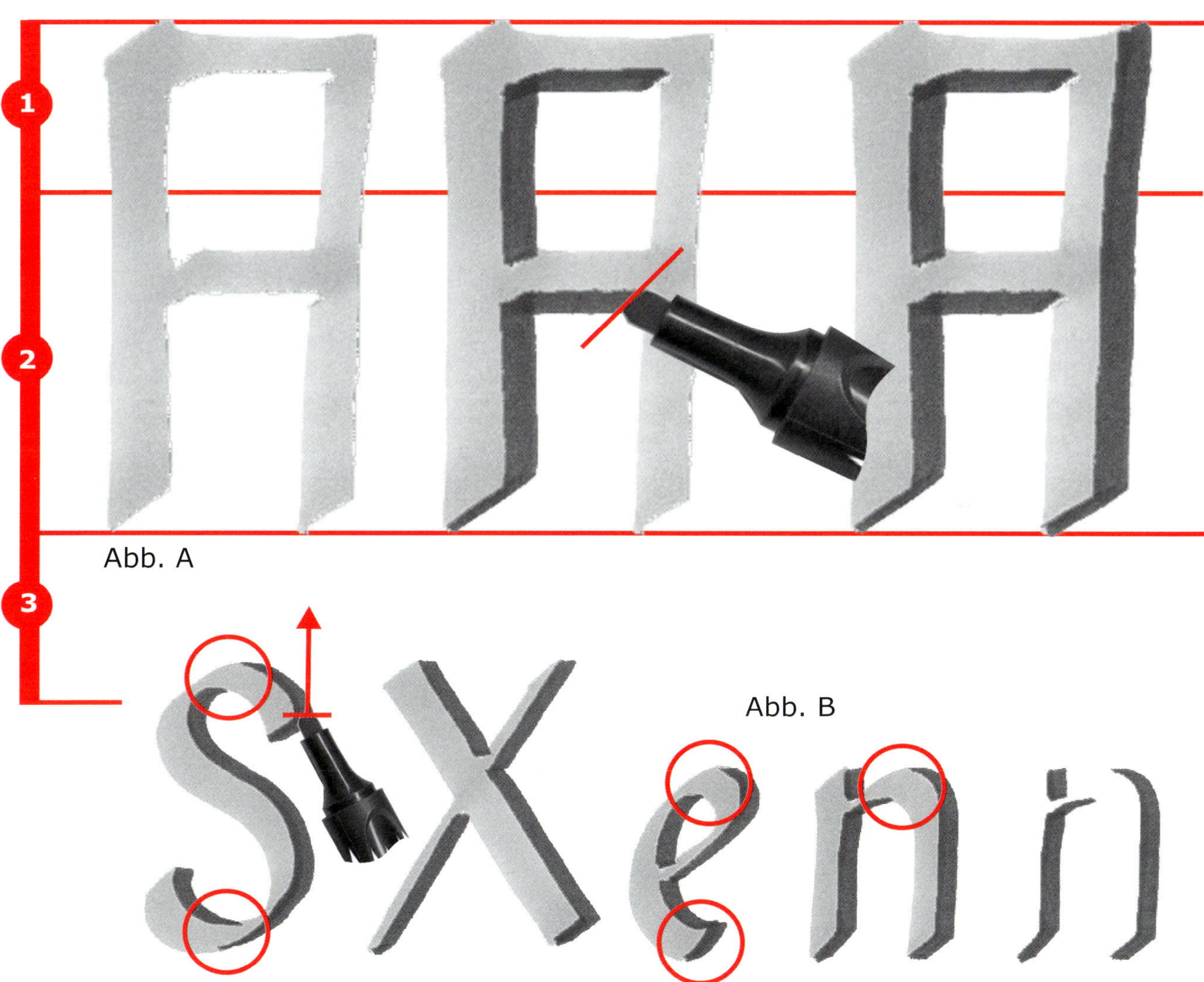

Abb. A

Abb. B

Schattenschrift im Einsatz

Und so sieht die Schattenschrift in der schnellen Anwendung bei einem Begrüßungschart aus. Versuchen Sie den Schatten nicht zu genau zu machen. Wichtig ist, dass Sie das Schwarz leicht über das Gelb legen, so dass keine weißen Blitze entstehen. Schreiben Sie keine Mengentexte in der Schattenschrift, sondern heben Sie nur wichtige Worte durch diesen Schrifttypus hervor.

... welche fehlt denn noch?
... genau die TYPE ist es!
Schriften

Outlineschrift

... die bringt Leben aufs Papier!

Für diesen Schrifttyp zeichnen Sie die Kontur des Buchstabens mit der spitzen Ecke Ihres Markers. Die Größenverhältnisse dieser Schrift sind die selben wie bei der Standardschrift. Benutzen Sie einen dunklen Marker für die Outline (Abb. A). Zeichnen Sie den Buchstaben möglichst rund und fließend und lassen Sie die Konturlinie offen (Abb. A u. B). Das macht die Schrift sehr lebendig. Wenn Sie das Wort oder den Satz fertig gezeichnet haben, bringen Sie eine 45 Grad-Schraffur auf der schmalen Seite Ihres Markers an (Abb. B). Versuchen Sie nicht, die Schrift sauber auszumalen, sie lebt durch die weißen Blitze. Füllen Sie Ihre Buchstaben nach System und nicht beliebig, da systemgefüllte Worte und Sätze sich besser lesen lassen. Sie können die Buchstaben auch ineinander laufen lassen. Das ist sehr spannend und zudem äußerst platzsparend (Abb. B).

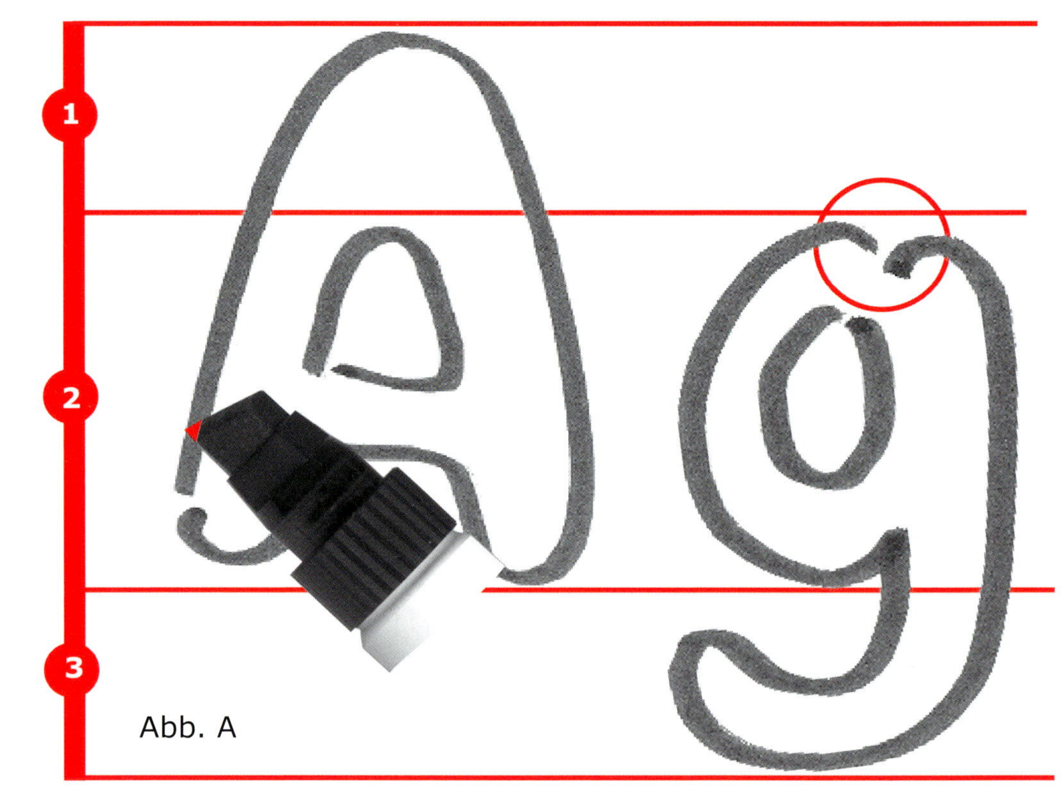

Abb. A

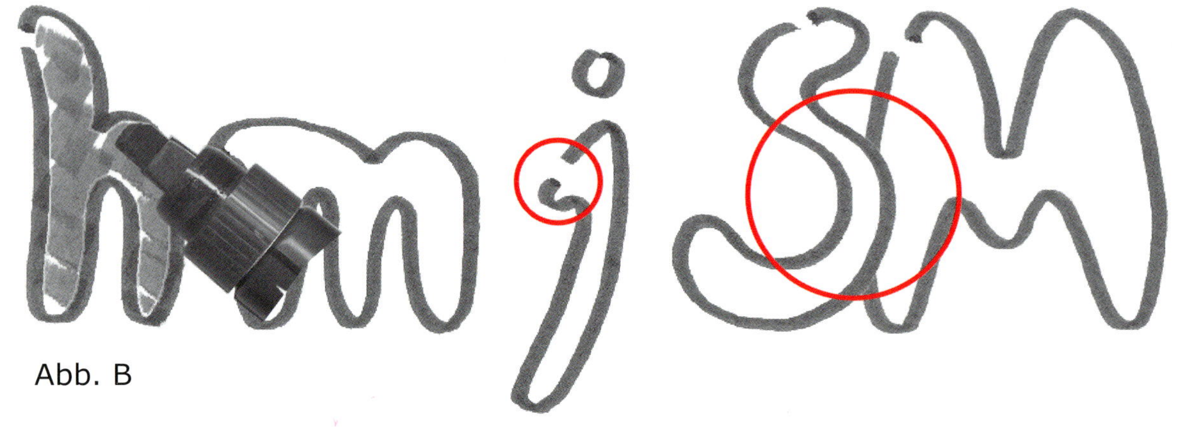

Abb. B

Alle Buchstaben auf einen Blick!

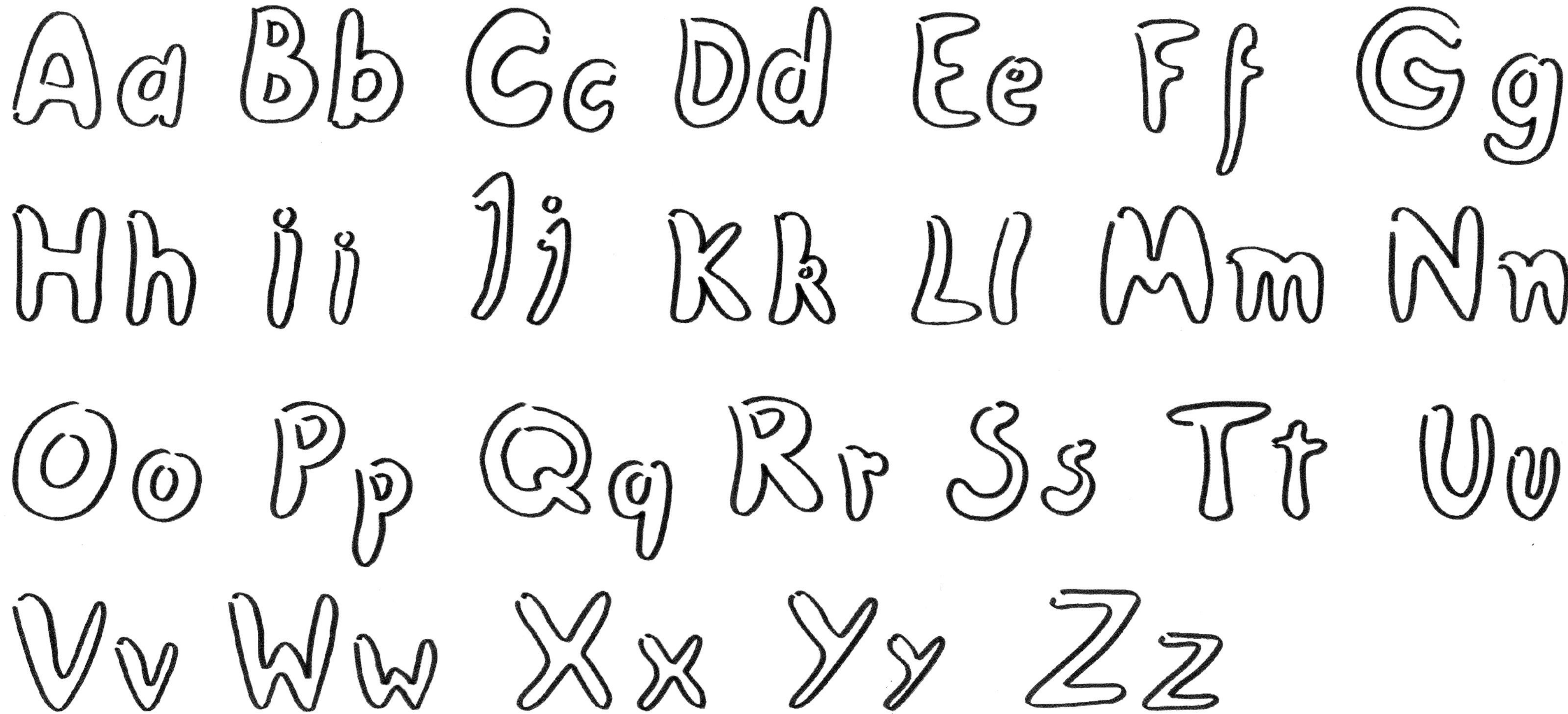

Die Outlineschrift im Einsatz

Hier ein Beispiel für ein zwei-farbiges Chart mit einer Outline- und einer Standardschrift mit Schatten. Zudem zeige ich Ihnen hier, wie Sie Schriften und Figuren auf einfache Art und Weise miteinander verbinden können. Nutzen Sie die Outline-schrift nur für Überschriften, Themen und einzelne Worte.

WORT
Bilder
BILDER
Worte

Er-
folgt

Wie GEHEN Schrift und Bild zusammen?

Ein Chart, auf dem sich Worte und Bilder spannend, witzig und sinnhaft unterstützen, hat für den Betrachter eine sehr nachhaltige Wirkung.

WORTBilder oder BILDERWorte - das sind Elemente, die Ihnen helfen, Ihre Themen auf den Punkt zu bringen.

Nehmen wir das Beispiel von Seite 59. Das Wort *Erfolg* lässt sich einfach in einem Wortspiel auseinandernehmen:

Erfolg - Er folgen - Er folgt - Er folg t

Sie können dazu auch Sätze bilden, die Ihnen helfen, auf Gestaltungsideen zu kommen: *Folge Dir und der Erfolg folgt Dir!*

Das Wortspiel ist die beste Methode, um Worte in WORTBilder oder BILDERWorte zu verwandeln. Viele Themen und Inhalte lassen sich auf diese Weise bearbeiten.

Auf Seite 61 zeige ich Ihnen, wie das WORT-Bild aufgebaut und umgesetzt wird. Nach dem Wortspiel und dem Auseinandernehmen des Wortes braucht das WORTBild eine Figur mit Geschichte. Diese Figur ist der Darsteller, das narrative Moment des WORT-Bildes. Diese Figur erzählt die Geschichte vom:

Erfolg - der erfolgt - wenn Ich mir selber folge!

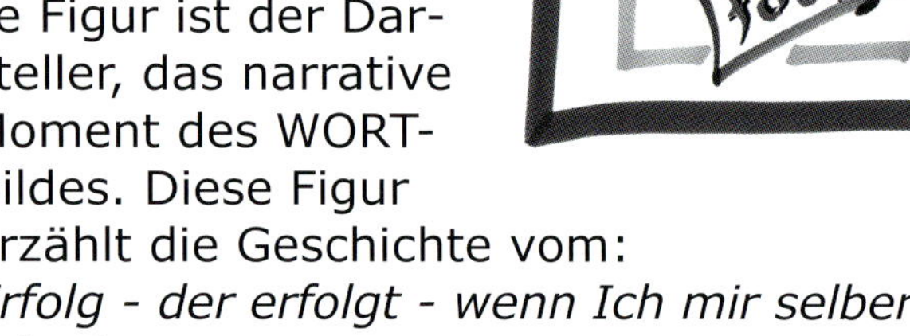

Vier Phasen des WORTBildes

1. Die Figuren brauchen eine einfache Haltung (Abb. A)
2. Das Wort muss mit der Figur eine Verbindung eingehen (Abb. B)
3. Wort und Bild sollten eine Geschlossenheit aufweisen (Abb. C)
4. Wort und Bild müssen einen Raum oder Ort bekommen (Abb. D)

Haltung (Abb. A)

Wer Erfolg hat, zeigt sich und das, was er kann oder macht, gern. Eine klare Haltung und Pose. (Zur Platzersparnis sollten Sie immer erst mit halben Figuren experimentieren).

Wort-Bild-Verbindung (Abb. B)

Das *Er* ist die *Figur*. Die *Figur* folgt dem *Er*. Figur und *folg/t* gehören zusammen.

Das Wort *folg/t* bekommt einen eigenen Rahmen, der von der Figur getragen wird.

Geschlossenheit (Abb. C)

Die *Erfolgsgeschichte* lässt ein Strahlen entstehen. Eine Klammerlinie hält den gesamten *Er-folg/t* zusammen.

Raum oder Ort (Abb. D)

Die WORTBild-Einheit bekommt einen Raum in Form eines Rahmens. Der Rahmen bekommt zwei dicke Winkellinien (P 45) und zwei dünne Winkellinien (auf der Ecke der Markerspitze). So entsteht eine Scheintiefe, die das WORTBild nochmals hervorhebt.

Die vier Phasen als Vorbereitungsschritte:

- Haltung der Figuren skizzieren
- Wort-Bild-Verbindungen anlegen
- Geschlossenheit des WORTBildes überprüfen
- Schaffung eines Raumes oder Ortes für die WORTBild-Einheit

Diese Phasen sollten Sie immer durchlaufen, wenn Sie WORTBilder kreieren wollen. Klare Bilder brauchen klare Geschichten!

1. Haltung

Abb. A

2. Wort-Bild-Verbindung

Abb. B

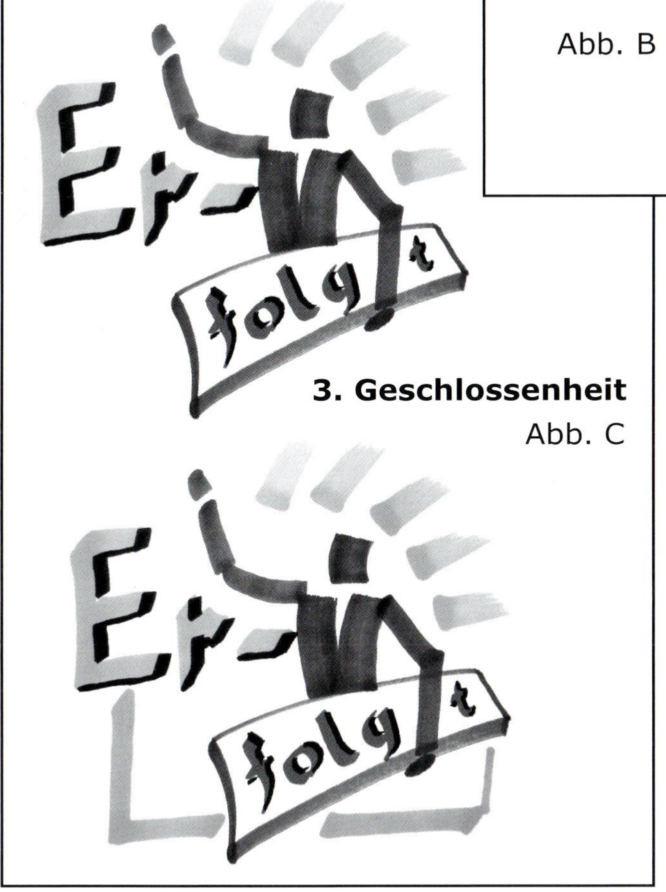

3. Geschlossenheit

Abb. C

4. Raum oder Ort

Abb. D

Und noch ein Beispiel:

Ein Beispiel, das ich mit einer Gruppe von Trainern entwickelt habe. Das Thema war *Team*. Auch hier haben wir die vier Phasen zur Entwicklung eines WORTBildes durchlaufen. Das Wort *Team* gab als Wort selbst keinen Stoff für ein WORTBild. Große Heiterkeit kam in der Gruppe auf, als wir ein Wortspiel mit Team erfanden:
ein Team, kein Team, im Team, inTeam
Dazu sollte eine Bildgeschichte erzählt werden. Die Metapher für das WORTBild sollte lauten: *Alle in einem Boot!* und *Gemeinsam sind wir stark!*.

Aufbau des WORTBildes:
1. Figuren, Haltungen und Boot
Drei Figuren rudernd im Boot. Im Hintergrund ein Boot mit Figuren, das kentert. Wellen verbinden die Boote (Abb. A).
2. Wort-Bild-Verbindung
Die Wortschöpfung *inTeam* wird zum Schlagwort (Abb. B).
3. Geschlossenheit
Die dünne Linie mit Sonne bindet den oberen Bildteil, zwei dicke Winkel klammern das Schlagwort an das Motiv (Abb. C).
4. Raum oder Ort
Der Rahmen mit Scheintiefe fasst das WORTBild zusammen (Abb. D).

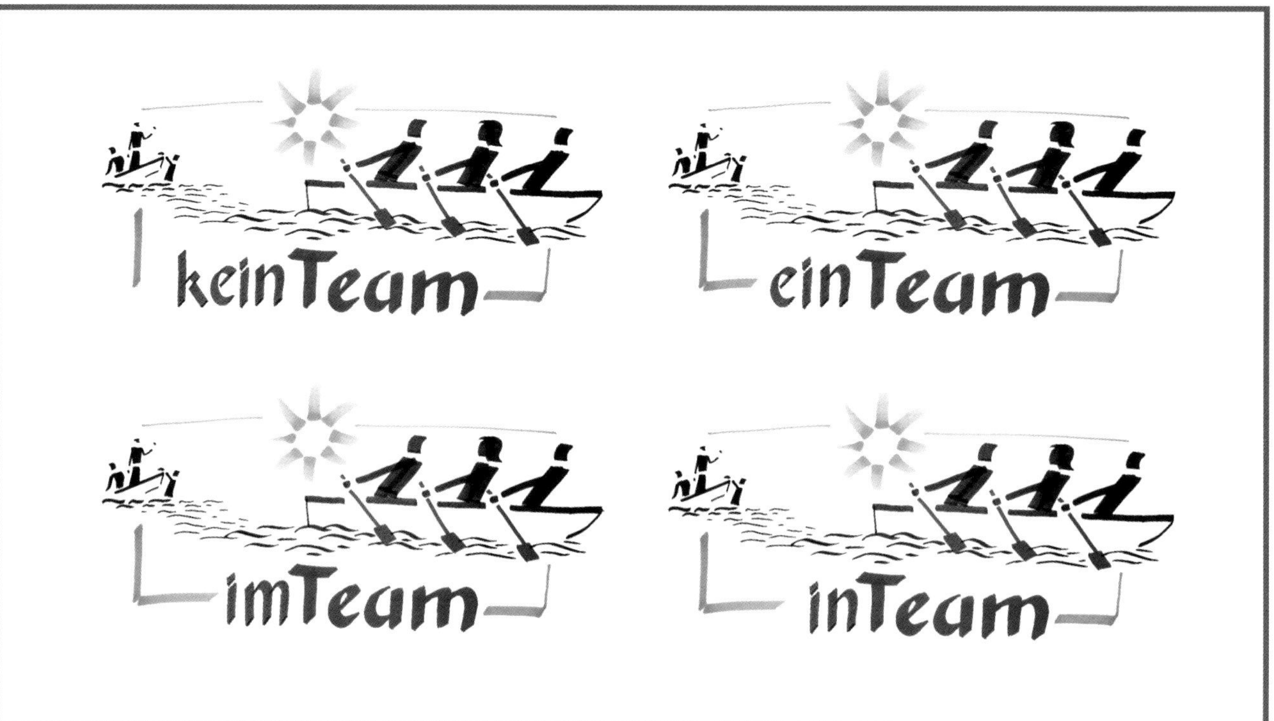

Abb. A

Abb. B

Abb. C

Abb. D

Flächen, Formen und Figuren

Von der rechteckigen Fläche zum fertigen Auto

Für Ihre inhaltsbezogene Chartgestaltung brauchen Sie vielleicht noch einen Tisch, ein Telefon, einen Rechner, eine Katze, ein Glas, ein Auto und, und, und …
Damit Sie alle Ihre Dinge visualisieren können, braucht es einige Tricks und wie immer die Kunst des Reduzierens. Beginnen Sie mit einfachen Flächen und Formen. Durch den Einsatz von unterschiedlichen Strichstärken und Strichrichtungen entstehen Scheintiefen und Scheinperspektiven. Beginnen Sie mit Rechtecken, Quadraten, Dreiecken, Kreisen, Wolken, Sternen und Pfeilen (Abb. A u. B). Sie können sich die Formen zuerst vorzeichnen. Hierzu benutzen Sie den Marker auf der feinsten Ecke (Abb. B). Dann bringen Sie die dickeren Linien an die Flächen an. Schauen Sie genau, welche Strichstärke zu den jeweiligen Flächen am besten passt. An Flächen und Figurationen mit Winkelschatten bringen Sie die dicken Linien immer in einer 45 Grad Position an (Abb. A). Bei Flächen mit Kantenschatten setzen Sie den Marker in einer 90 Grad Position an (Abb. B bis D).

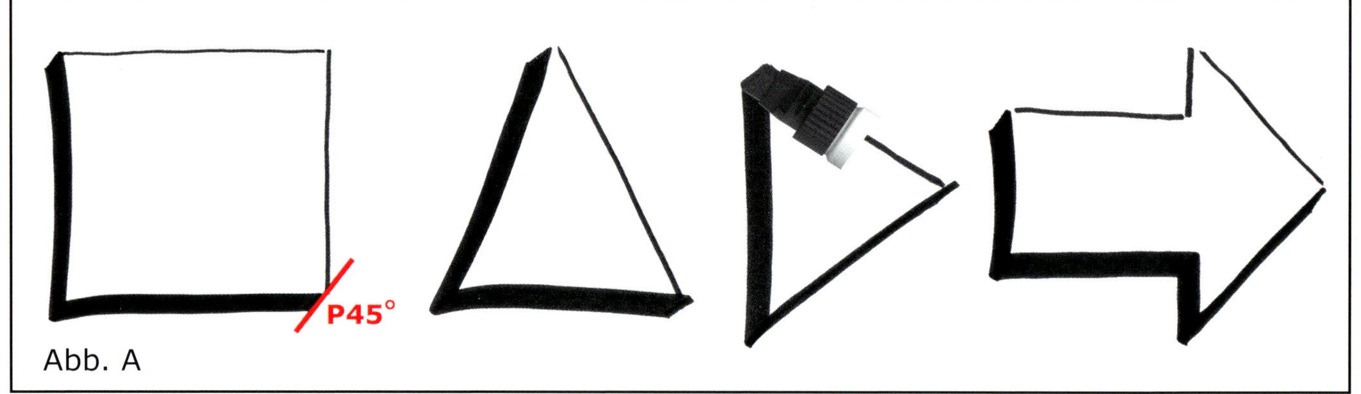

Abb. A

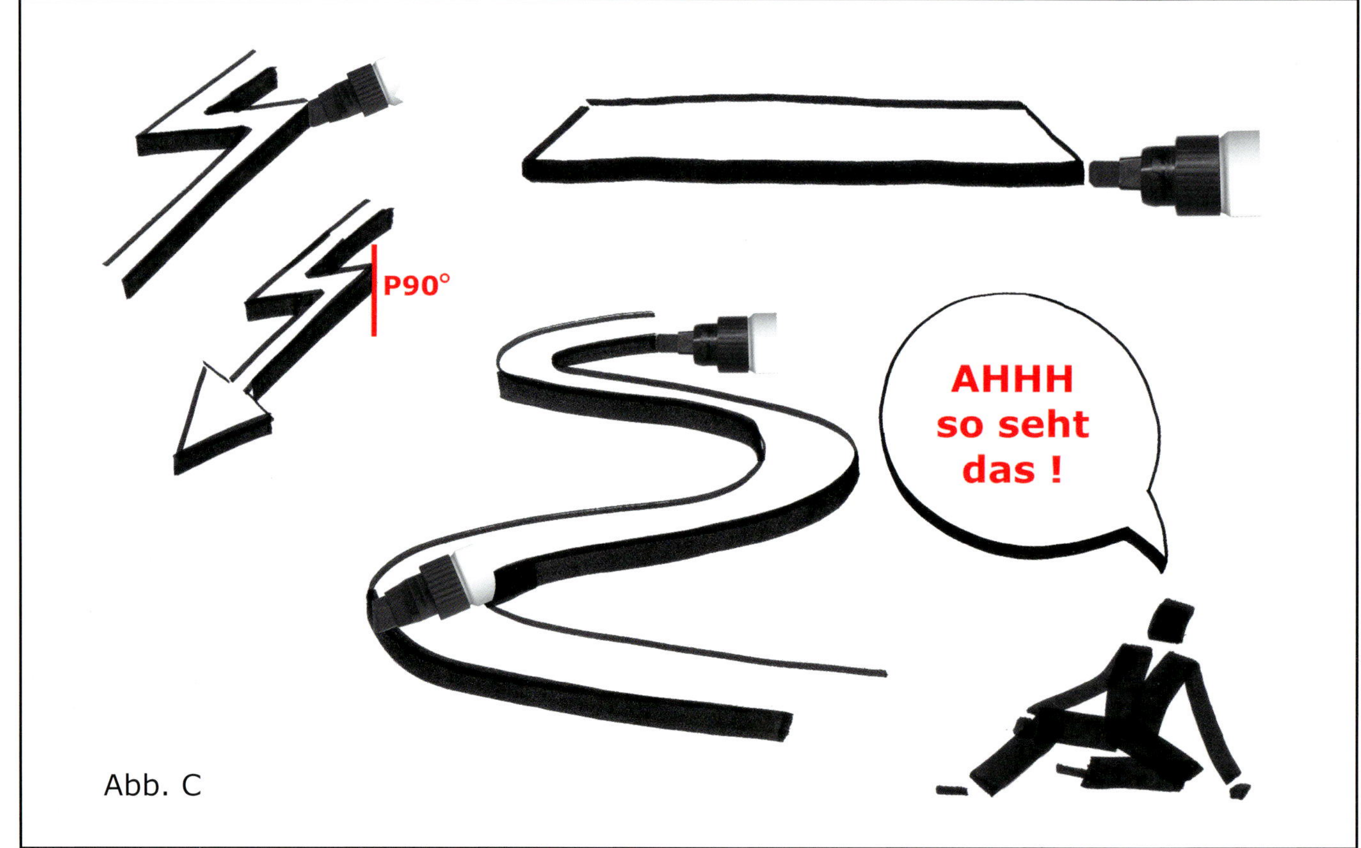

Abb. C

Abb. B

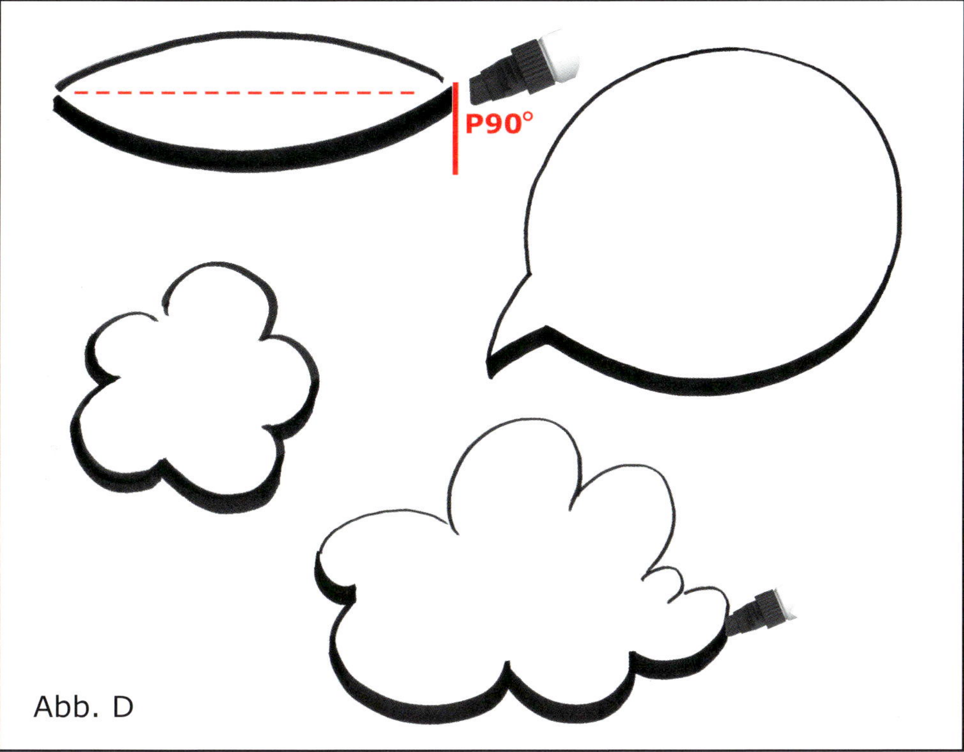

Abb. D

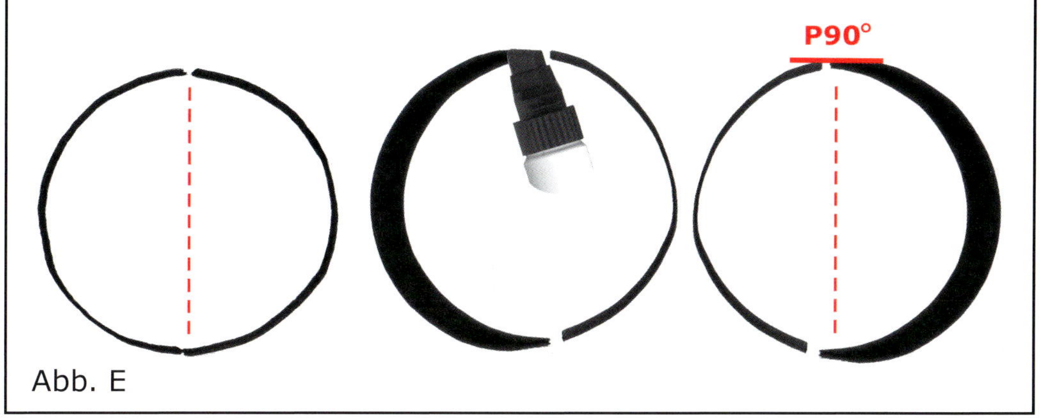

Abb. E

Betonen Sie bei Kreisen die rechte oder linke Seite des Kreises.
Der Marker wird in einer 90 Grad Position geführt.
Achten Sie bei Kreisen und Ellipsen darauf, dass die Symmetrie der
Fläche gewahrt bleibt (Abb. D und E).

Figuren und Flächen

Versuchen Sie nun die unterschiedlichen Formen und Flächen mit den Markerfiguren in Verbindung zu bringen. Es folgen einige Beispiele.

Drei Figuren an einem Tisch

Zeichnen Sie die hintere Kante des Tisches auf der Ecke der Markerspitze (Abb. A). Die Linie sollte so lang sein, dass drei Figuren daran Platz haben (Markerlänge ohne Deckel). Dann ziehen Sie die vordere Tischkante auf der schmalen Seite des Markers. Die vordere Linie sollte links und rechts gleichmäßig länger sein als die hintere Linie (Abb. B). Der Abstand der beiden Linien beträgt das Maß des Durchmessers eines Trainermarkers. Dann verbinden Sie die beiden Linien mit zwei Strichen. Achten Sie darauf, dass die Winkel der beiden Seitenlinien so angelegt sind, dass diese sich in der Verlängerung nach hinten mittig treffen (Abb. B). Die Verbindungslinien ziehen Sie ebenfalls auf der Ecke der Markerspitze. So entsteht eine trapezförmige Tischfläche.
Nun setzen Sie die Oberkörper von drei Figuren an den Tisch (Abb. C). Fertig ist die Arbeits- oder Gesprächsgruppe.

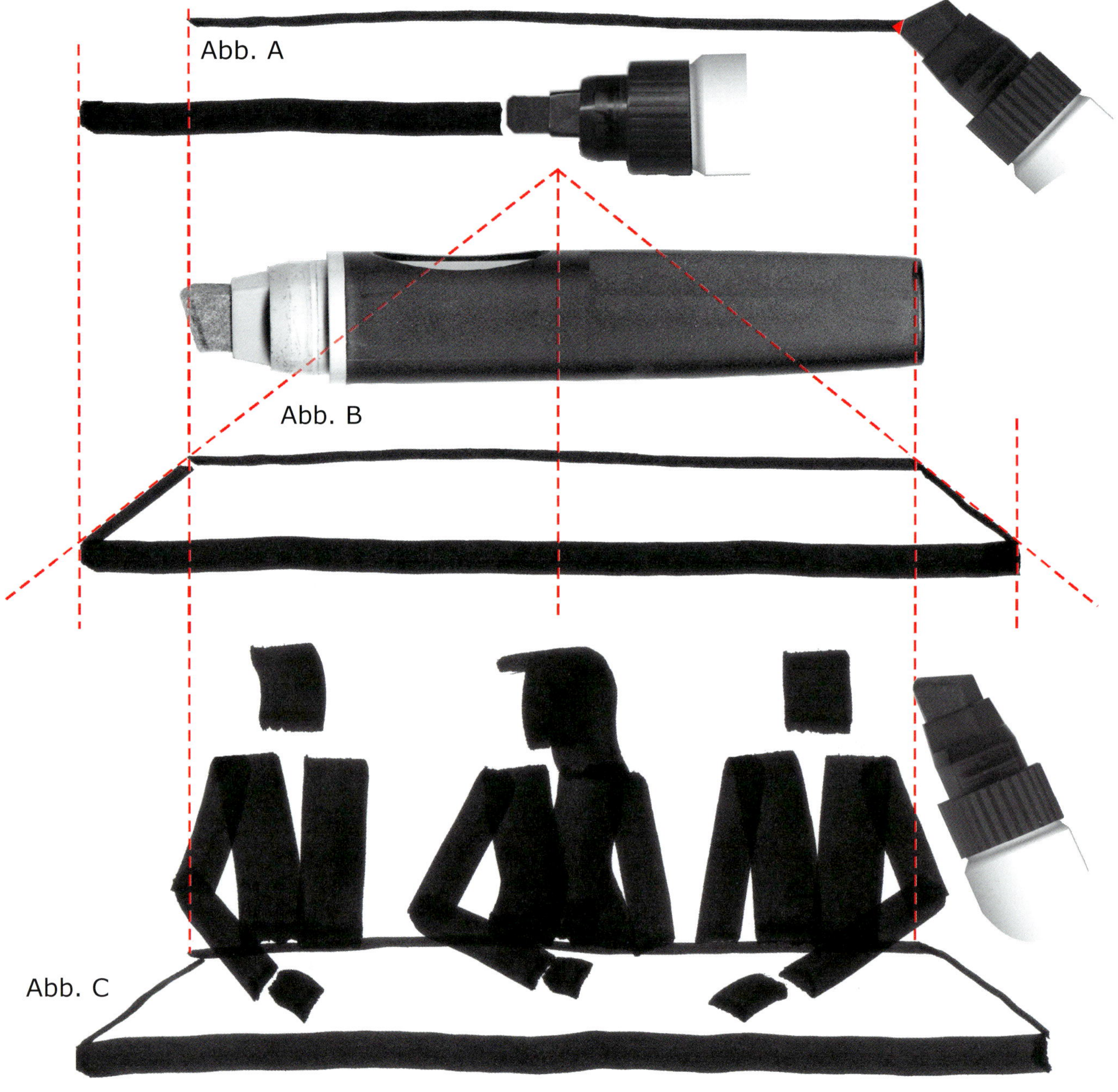

Vier weitere Motive

Der Pfeil, das Flipchart, die Pinnwand, der Computer und das Telefon in den nebenstehenden Abbildungen sind einfache rechteckige Flächen mit einer Schattenlinie (P 45). Der Computer- und der Telefontisch werden genauso gefertigt wie die Tischfläche »Abb. B« auf Seite 66. Die restlichen Linien ziehen Sie auf der feinsten Ecke Ihrer Markerspitze. Ziehen Sie die Linien möglichst klar, versuchen Sie aber nicht, die Eckpunkte der Flächen und Winkel genau zu schließen. Lassen Sie die Ecken ruhig offen, das lockert die Bilder auf (Abb. A, C u. D roter Kreis). Setzen Sie erst zum Schluss die Markerfiguren in die jeweiligen Bilder ein. Überlegen Sie genau, was die Figur/en in der Situation für eine Haltung bekommen soll/en. Sie können auch mit der Pausmethode üben. Legen Sie hierzu ein Pausblatt über den ersten Teil Ihrer Zeichnung und zeichnen Sie die Figur hier vor. Wenn Sie genau wissen, wo und wie Ihre Figur steht, zeichnen Sie diese in das darunter liegende Original (Abb. E). Sie können das Pauspapier wiederum unter das Original legen und die Figur in das Original einpausen. Diese Pausübungen sind am Anfang sehr hilfreich. Wenn Sie solche Figurationen häufiger gemacht haben, können Sie auch alle Teile direkt in Ihrer Zeichnung anlegen.

Weitere Beispiele

Die nebenstehenden Beispiele zeigen
Ihnen weitere Visualisierungen aus der
Praxis der Trainings- und Beratungswelt.
Alle Abbildungen sind auf 50% verkleinert.

Weitere Beispiele

Achten Sie bei allen Figurationen auf die
Markerpositionen. An den Ecken und Über-
gängen, an denen dicke und dünne Linien
zusammentreffen, erkennen Sie am besten, ob Sie den Marker in der richtigen
Position geführt haben.

Bei komplexen Motiven sollten Sie immer erst eine
Vorzeichnung machen. Versuchen Sie das Motiv auf die
wesentlichen Striche zu reduzieren. Hier zwei Autos als
Beispiele.

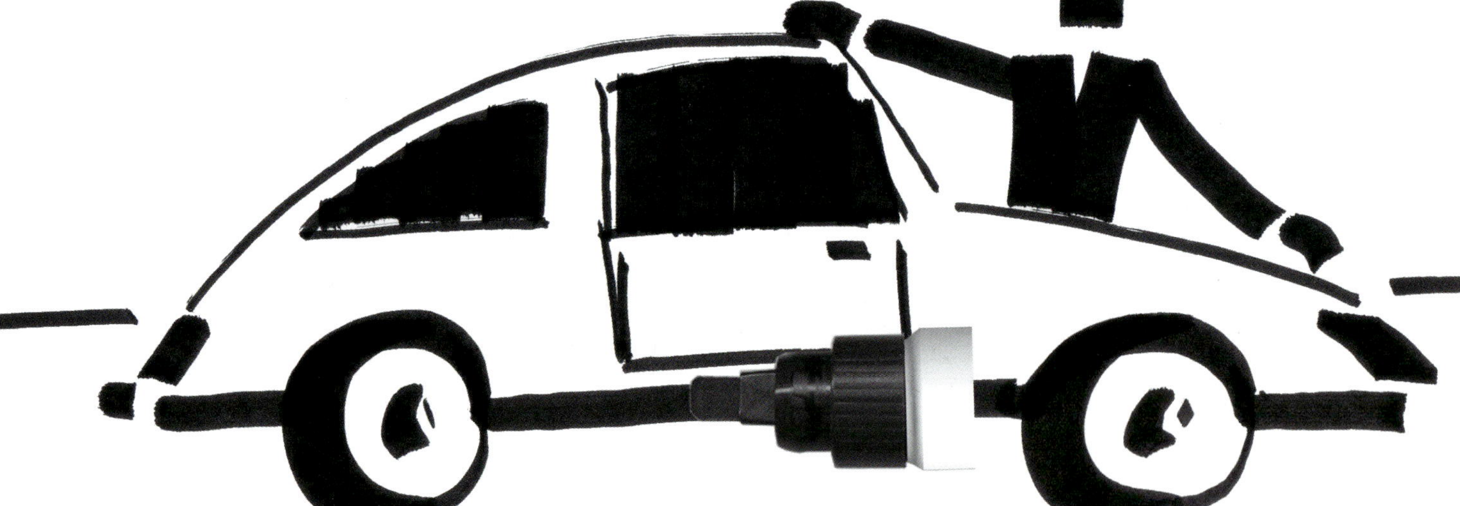

Bringen Sie die Schattenlinien im zweiten Arbeitsgang an. Versuchen Sie, die
dicken Linien direkt an die Linien der Vorzeichnung zu setzen, so dass die beiden
Linien sich überschneiden.

Weitere Beispiele
50% verkleinert

All
animals
are
dangerous
!

Alles für die Pause ...

und wie geht das mit des Messers
Schneide? Setzen Sie den Marker mit der
spitzen Winkelecke der Filzspitze auf das
Papier. Ziehen Sie den Marker in dieser
Position 2 cm, sodass eine dünne Linie ent-
steht. Ziehen Sie die Linie ohne abzusetzen
weiter und senken Sie im Malvorgang den
Marker zügig ab. Die letzten Zweidrittel der
Linie liegt die Markerspitze ganz auf dem
Papier auf (Abb. B). Viele Linien der
Tierdarstellungen auf den
vorherigen Seiten sind
auf diese Art und
Weise gezogen.

Strichübung!

Ziehen Sie die Linie wie bei dem Messer.
Wenn Sie auf der breiten Kante des
Markers malen, kippen Sie den Marker
wieder auf die Ecke der Filzspitze zurück
(Abb. A).

Abb. B

Die Pausentasse im Detail

Zeichnen Sie in einer 90 Grad-Position eine liegende Ellipse auf der breiten Seite des Markers. Beginnen Sie die Linienführung im rechten oberen Viertel und schließen Sie die Ellipse nicht ganz (Abb. A). Als nächstes zeichnen Sie die linke Wölbung der Tasse mit der breiten Markerseite (Abb. B). Es folgt die linke Tassenwölbung auf der spitzen Ecke des Markers (Abb. C). Eine schwungvolle, s-förmige Linie an der rechten Seite der Tasse ergibt den Henkel. Zeichnen Sie nun eine größere Ellipse unter die fertige Tasse (Abb. D). Setzen Sie Ihren Marker an der linken Seite der zweiten Ellipse an. Ziehen Sie eine leicht nach rechts gewölbte, kurze Linie nach unten, ohne den Marker abzusetzen. Führen Sie einen sanften weiten Bogen nach rechts außen zur gegenüber liegenden Seite (Abb. E). Ziehen Sie in die Tassenöffnung eine Linie mit der schmalen Markerseite. So bekommen Sie etwas Kaffee in Ihre Tasse. Als letzten Arbeitsschritt zeichnen Sie den heißen Kaffeedampf. Hierfür zeichnen Sie drei unterschiedlich lange s-förmige Linien leicht versetzt auf der Ecke des Markers (Abb. F)

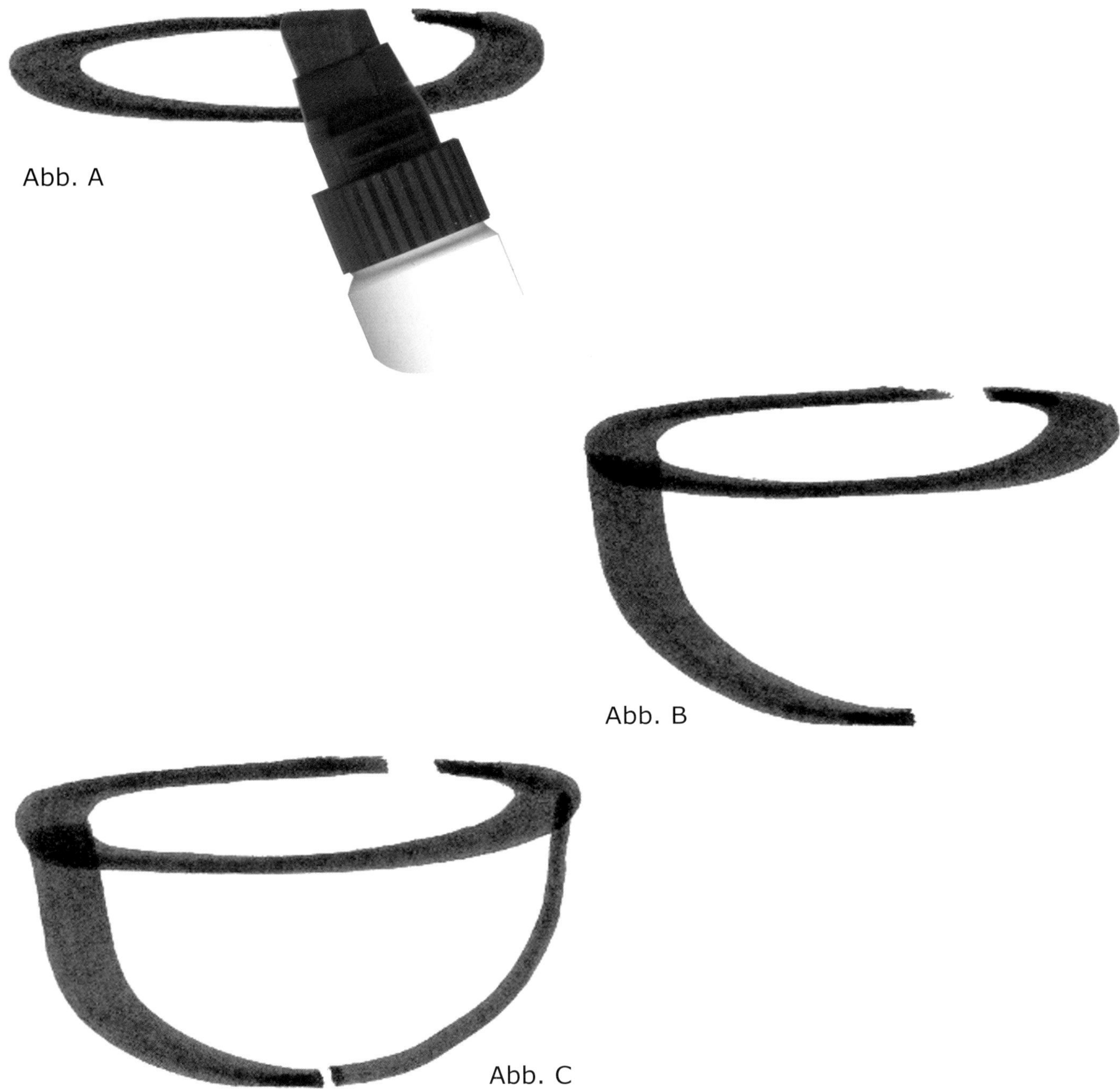

Abb. A

Abb. B

Abb. C

Abb. D
Abb. E
Abb. F

Von An-Gesicht zu An-Gesicht
Punkt, Punkt, Komma, Strich - fertig ist …

Unsere Figuren zeigen Haltungen und Aktionen von Menschen. Für das Visualisieren von Emotionen brauchen wir noch Gesichter. Hier hilft uns der *AltSmily* in Kombination mit den Markerfiguren. Die nebenstehenden Abbildungen zeigen Ihnen die wesentlichen Gesichter für die Grundemotionen. Als erstes zeichnen Sie einige Kreise mit Schatten. In diese können Sie nun Ihre Gesichter zeichnen. Sie können die Kreise in zwei Halbkreisen vorzeichnen und dann den Schatten an der jeweiligen Seite des Kreises anbringen (Abb. A). Wenn Sie sich sicher genug fühlen, können Sie die beiden Hälften auch gleich in zwei unterschiedlichen Strichstärken visualisieren. Wenn Sie jeweils zwei Kreise so anlegen, dass die Schattenlinien der Kreise rechts bzw. links angelegt sind, scheinen die Kreise sich aufeinander zu beziehen (Abb. B). Dieser Effekt lässt sich für viele Visualisierungsthemen gut einsetzen. Beginnen Sie nun in die Kreise die Mimik der Gesichter einzuzeichnen. Die Augen des Menschen liegen zwischen Scheitel und Kinn genau in der Mitte (Abb. C). Wenn Sie die Augen eines Gesichtes nach oben zum Scheitel hin verschieben, wirkt Ihre Figur eher älter (Abb. D). Verschieben Sie die Augenpartie nach unten zum Kinn, verwandelt sich das Gesicht zu einem Kleinkind (Abb. E).

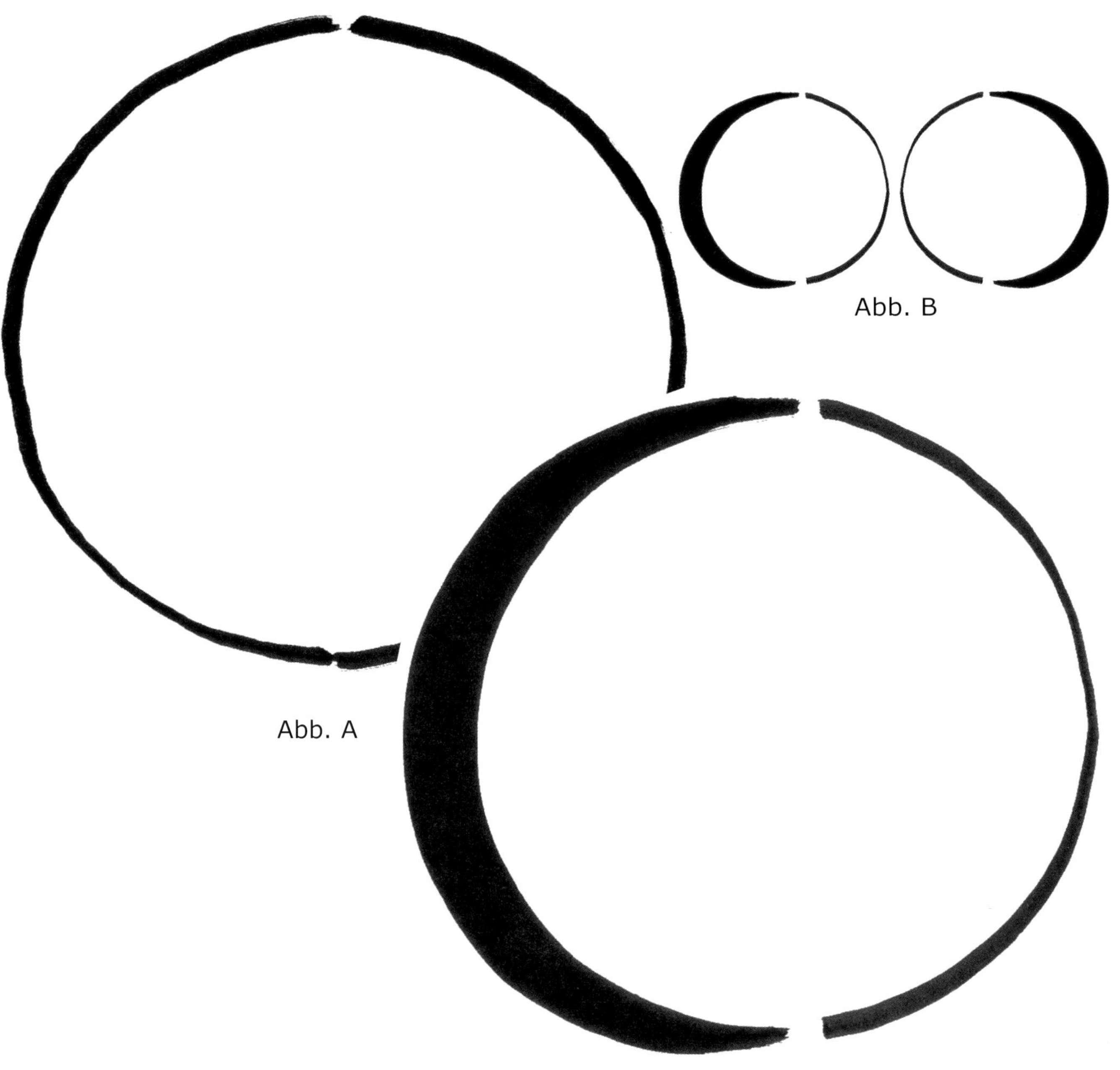

Abb. B

Abb. A

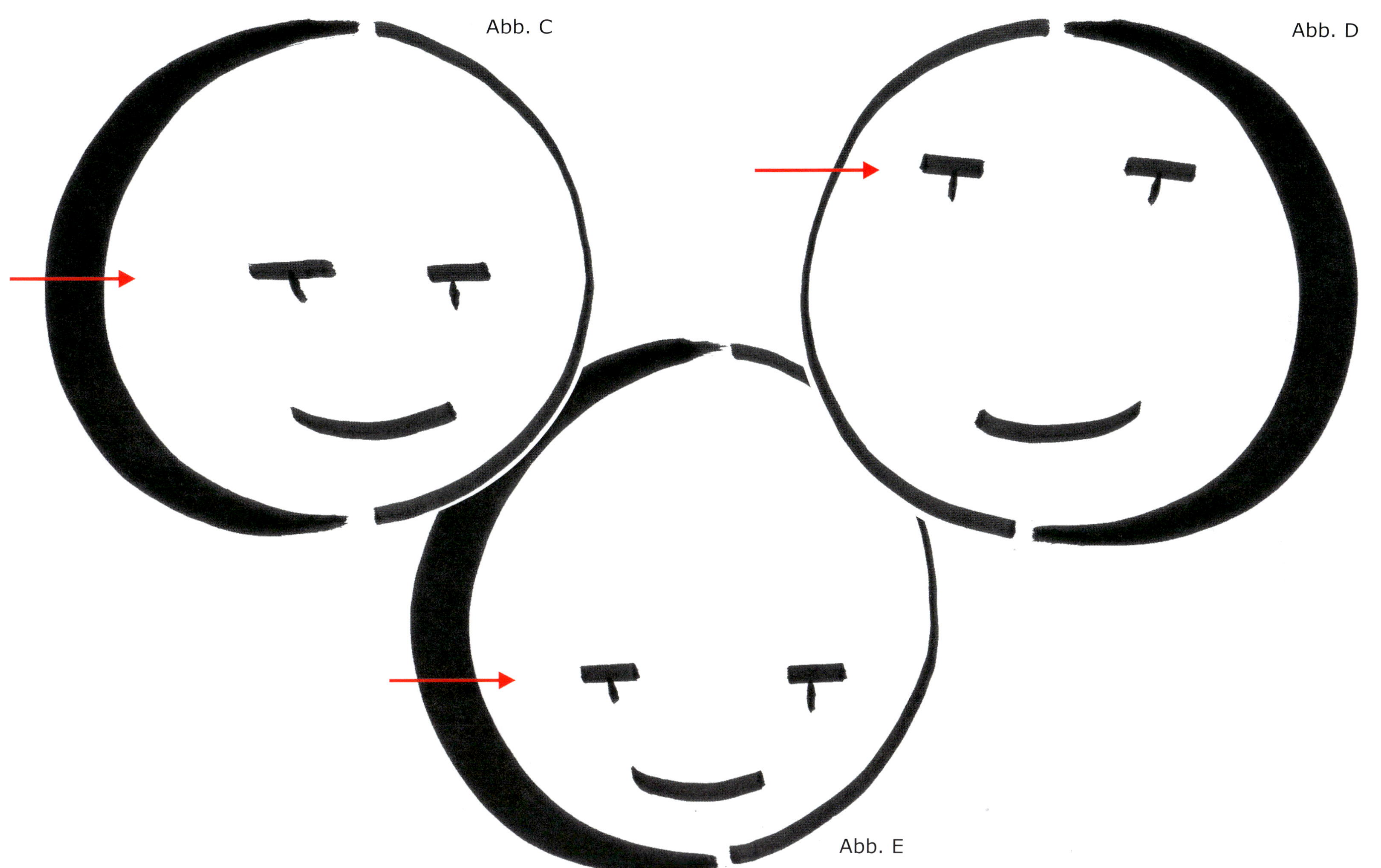
Abb. C
Abb. D
Abb. E

Mit Hilfe dieser einfachen Methode
können Sie also das Alter der Gesichter
bestimmen. Die Augen und der Mund
sollten so einfach wie möglich gezeichnet werden. Striche und Punkte sind
völlig ausreichend. Die Augen bestehen
nur aus den oberen Augenlidstrichen und
den Pupillen, der Mund ist einfach nur
ein Strich (Abb. A). Liegen alle Gesicht-
selemente mittig und in guten Abstän-
den zueinander und sind die Mundwinkel
leicht nach oben gezogen, haben wir es
mit einem freundlichen und heiteren Ge-
sichtsausdruck zu tun (Abb. B). Wenn sich
die Gesichtspartien zur Nasenwurzel zu-
sammenziehen, entsteht Zorn, Wut, Grim-
migkeit und Aggression (Abb. C). Liegen
die Gesichtsteile nach außen gewand,
entsteht Angst, Erstaunen oder Traurigkeit
(Abb. D u. E). Spitze Münder zeigen oft
eine Listigkeit (Abb. F). Weit auseinander
und zum Scheitel hin gezogene Augen
vermitteln Dümmlichkeit (Abb. G). Nach
außen geneigte, aber eng stehende Augen zeigen eher eine Unwissenheit oder
Verlegenheit (Abb. H). Es gibt viele unterschiedliche Varianten, mit den Gesichtsele-
menten zu spielen. Auch mit Mündern und
asymmetrischen Gesichtshälften lassen
sich feine emotionale Spielarten gut aus-
drücken Lassen Sie Ihrer Phantasie freien
Lauf! Doch bleiben Sie sparsam mit den
Strichen. (Abb. I-N)

Abb. A

Abb. C

Abb. D

Abb. E

Abb. B

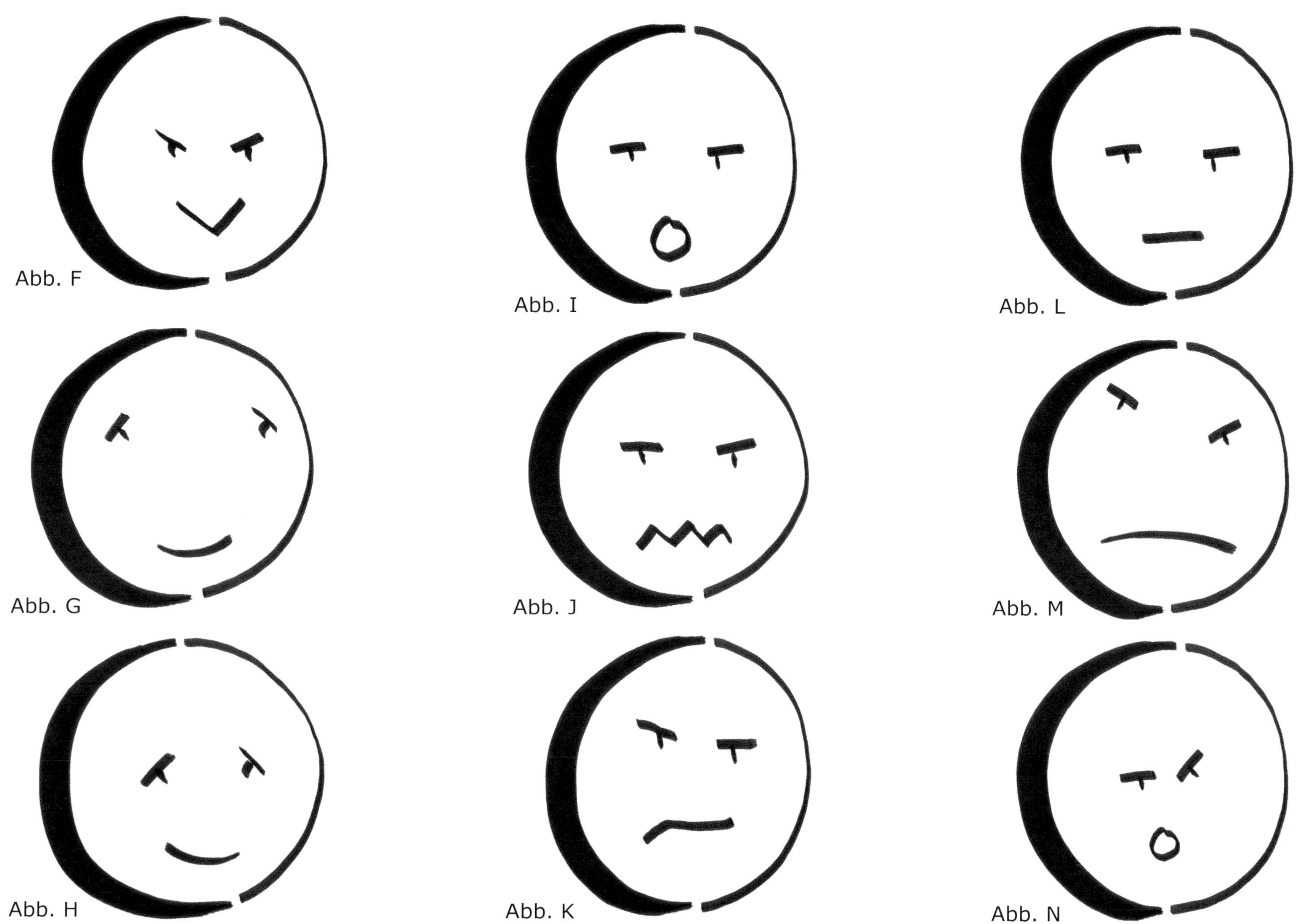

Abb. F

Abb. G

Abb. H

Abb. I

Abb. J

Abb. K

Abb. L

Abb. M

Abb. N

Die sprechen miteinander!

Wenn Sie die Köpfe in eine Halbprofil-
position drehen, entstehen dialogische
Situationen. Zeichnen Sie die Köpfe oval
und legen Sie die Schatten an die Außen-
linien der Figuration (Abb. A). Die Augen
sowie der Mund sind zur Seite versetzt
und leicht nach unten geneigt. An dieser
Art der Visualisierungen lassen sich gut
Figuren sowie Sprechblasen anbringen
(Abb. B).

Ja!
Denk
?

Die kleine Farbenlehre

Von Marienkäfern und Farbkombinationen

Farben haben für uns Menschen neben der persönlich-emotionalen auch eine konventionelle-symbolische Bedeutung. Diese Bedeutung ist je nach Kulturraum und Kulturepoche sehr unterschiedlich. Viele Farben und Farbkombinationen kennen wir auch aus der Natur. Hier dienen die Farben als Tarnung oder als Signal für »*Hier bin ich!*« Ein typisches Beispiel aus der Tierwelt ist der Marienkäfer. Dieser freundliche Geselle signalisiert mit seiner roten Grundfarbe und den schwarzen Punkten »*Ich schmecke nicht, ich bin giftig!*« Diese Farbkombination ist sehr auffällig und kennt jedes Tier. Für die Gestaltung von Moderations- und Trainingsmedien ist es sehr hilfreich, in die abendländische Farbsymbollehre des 20.ten Jh. einen Blick zu werfen.

Im letzten Jahrhundert gab es eine sehr *farbige Gestalt*, den Maler und Grafiker Johannes Itten (geb.1888 -gest.1967) dessen Farbsymbollehre bis heute noch Gültigkeit besitzt.
In Anlehnung an seine Lehre möchte ich Ihnen die Bedeutung der klassischen Moderationsfarben Gelb, Rot, Blau, Grün, Schwarz und Weiss und die Bedeutungen der Kombination dieser Farben aufzeigen.

Markerfarben

Gelb: Lichtvoll, Farbe des Verstandes, des Wissens, der Heiterkeit, des Goldes

Rot: Strahlend, Farbe der Wärme u. Nähe, der Aktivität, der Macht, der Leidenschaft

Blau: In sich ziehend, Farbe des Glaubens, der Reinheit, des Geistes, der Passivität, der Tiefe, der Kälte

Grün: Vermittelnd, Farbe des Lebens, der Ruhe und Hoffnung, der Neutralität, des Mitgefühls

Schwarz: Undurchdringlich, Farbe der Unendlichkeit, des Nichts, der Leere, der Ehrwürdigkeit, des Todes

Weiß: Farbe der Reinheit, der Unschuld, der Immaterialität, der Gerechtigkeit, des Lichtes

Markerfarben in Kombination

Gelb und Rot:
emotional, leuchtend
Gelb und Blau:
entspannt, polarisierend
Gelb und Grün:
frisch, lebendig
Blau und Rot:
kraftvoll, bestimmend
Blau und Grün:
kraftvoll, sachlich
Rot und Grün:
gespannt, polarisierend,
Schwarz und Weiß:
emotionslos, sachlich
Schwarz und Gelb:
gefährlich, bedrohlich
Schwarz und Rot:
fordernd, giftig
Schwarz und Blau:
traurig, gedämpft
Schwarz und Grün:
abwartend, zurückhaltend

Ich empfehle Ihnen, nicht mehr als drei Farben auf einem Chart zu verwenden. Wenn Sie WortBilder mit Klammerlinien versehen, können Sie Gelb als vierte Zusatzfarbe nutzen.

Layouten und Gestalten von Flächen

Layouten und Gestalten von Flächen

Der Rahmen als Gestaltungsmittel

Kommen wir nun zu einem neuen Hilfsmedium. Die Rahmenschablone im Format DinA4 ist ein sehr hilfreiches Werkzeug für die Gestaltung von Flipchart und Pinnwand. Zudem hilft Ihnen die Schablone beim Layouten der zu gestaltenden Fläche. Zunächst müssen Sie sich eine kräftige Pappe im Format DinA4 besorgen. Viele Zeichenblöcke sind auf einer solchen Pappe gebunden. Zudem benötigen Sie noch ein stabiles Klebeband (5 cm breit). Reißen bzw. schneiden Sie einen 20 cm langen Klebebandstreifen von der Rolle und kleben Sie diesen, wie in der nebenstehenden Abbildung gezeigt ist, auf Ihre Pappe (Abb. A, B u. C). Der Klebegriff sorgt für saubere Hände und eine bessere Handhabung der Schablone.

Rahmen als Gestaltungselemente

Benutzen sie am besten die Rückseite des Flipchartpapieres, so haben Sie die Kästchenstruktur leicht durchscheinend als Hilfslinien. Halten Sie die Pappschablone hochkant auf das Papier. Der Seitenabstand der Schablone beträgt 4,5 Kästchen zur linken Papierkante und 7-8 Kästchen zur Oberkante (mit Lochstreifen) (Abb. D). Zeichnen Sie mit einem kleinen Marker (Neuland Nr. ONE oder ähnlicher Marker) um die Pappe herum. Malen Sie die linke

Abb. A

Abb. B

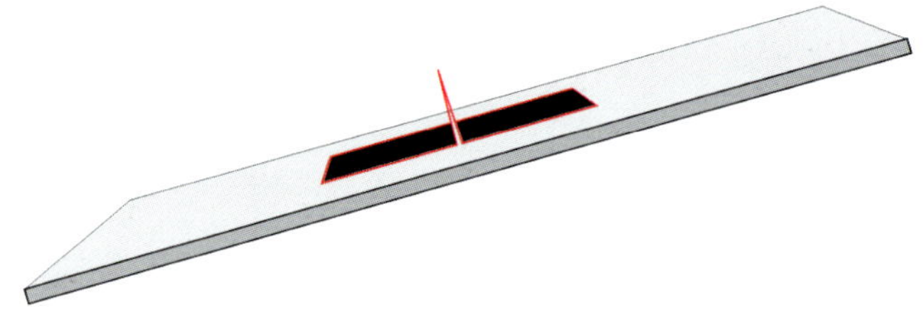

Abb. C

und untere Linie der Fläche auf der dicken Kante und die obere und rechte Linie der Fläche auf der Ecke des Markers (Abb. D). Die gezeichnete Rahmenfläche bekommt durch die unterschiedlichen Strichstärken eine Scheintiefe und damit eine höhere Präsenz. Nun drehen Sie die Pappe um 90 Grad und zeichnen einen zweiten Rahmen als Querformat. Die Fläche bekommt einen Abstand von 4,5 Kästchen zur rechten Blattseite und liegt mit der Unterkante ca. 2 Kästchen unter der ersten Fläche. Malen Sie die linke obere Ecke der Fläche nicht mit. So entsteht der Eindruck, als ob die erste Fläche über der zweiten Fläche liegen würde (Abb. E). Auch bei der zweiten Fläche und bei allen weiteren Flächen wird die linke und die untere Linie betont. Die Schablone wird für die nächsten beiden Arbeitsschritte zurück in eine Hochkantposition gebracht. Zeichnen Sie die dritte Fläche 9 Kästchen von der unteren Blattkante und 5 Kästchen von der linken Blattkante (Abb. D).

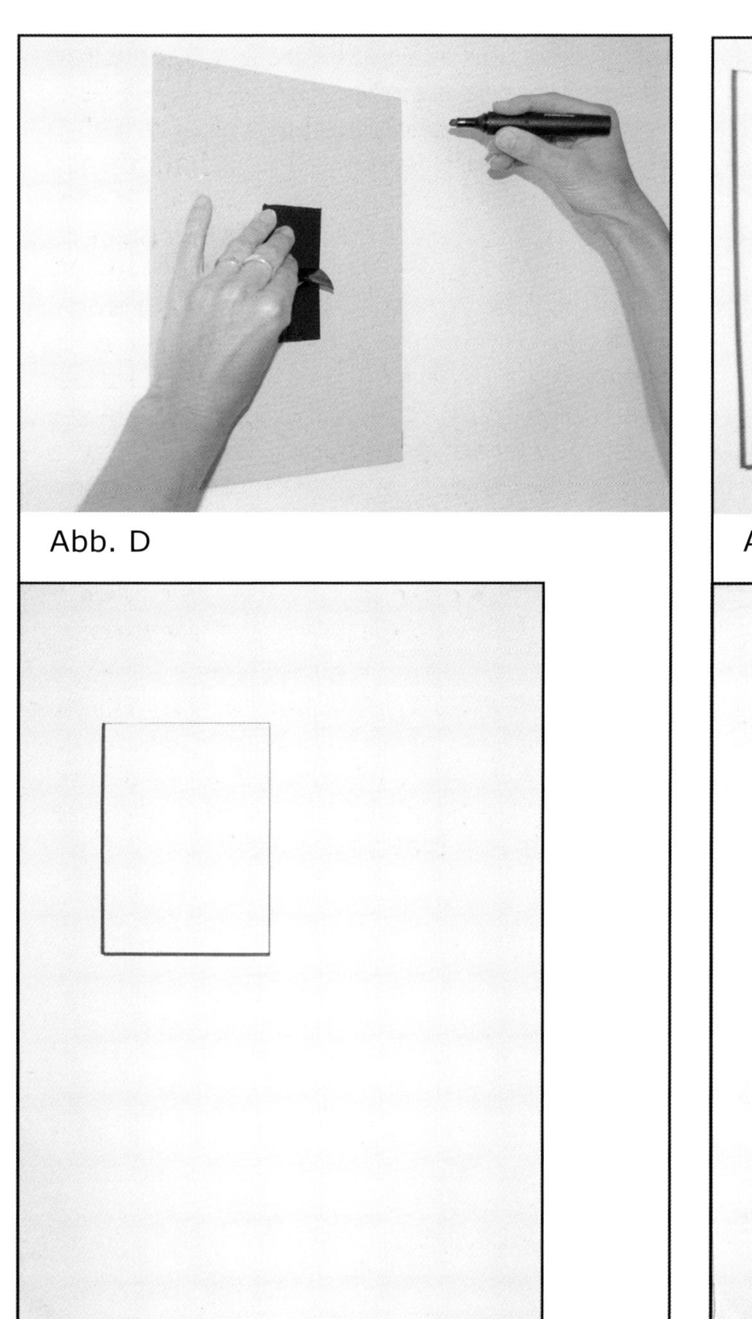

Abb. D

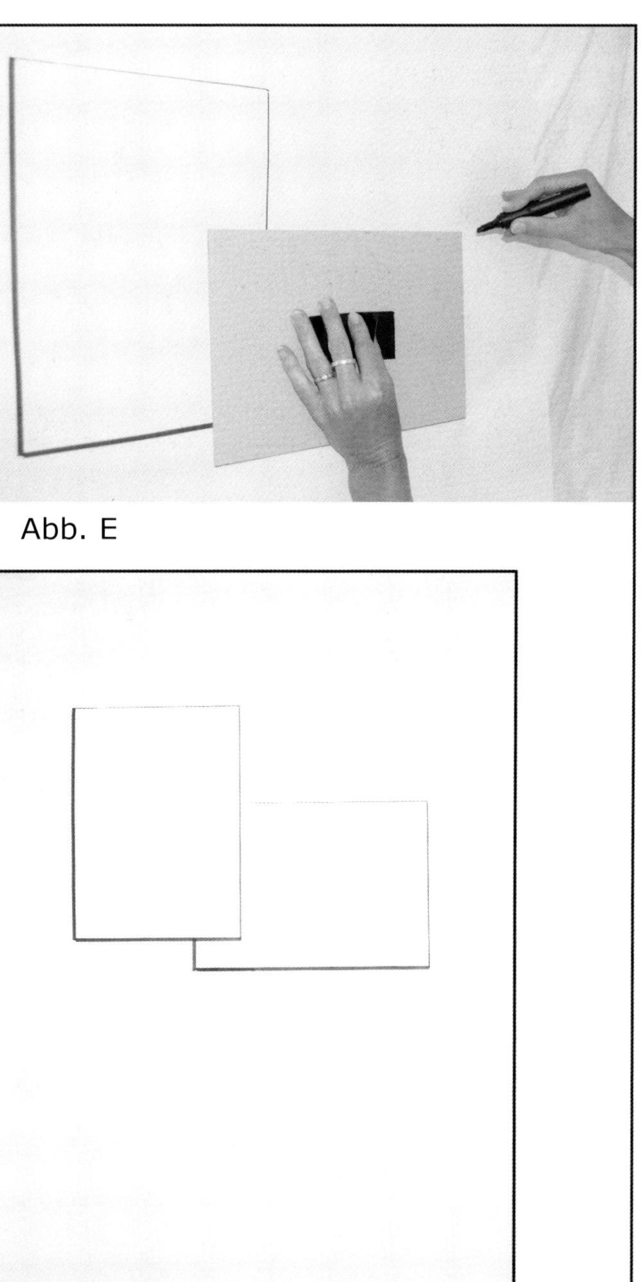

Abb. E

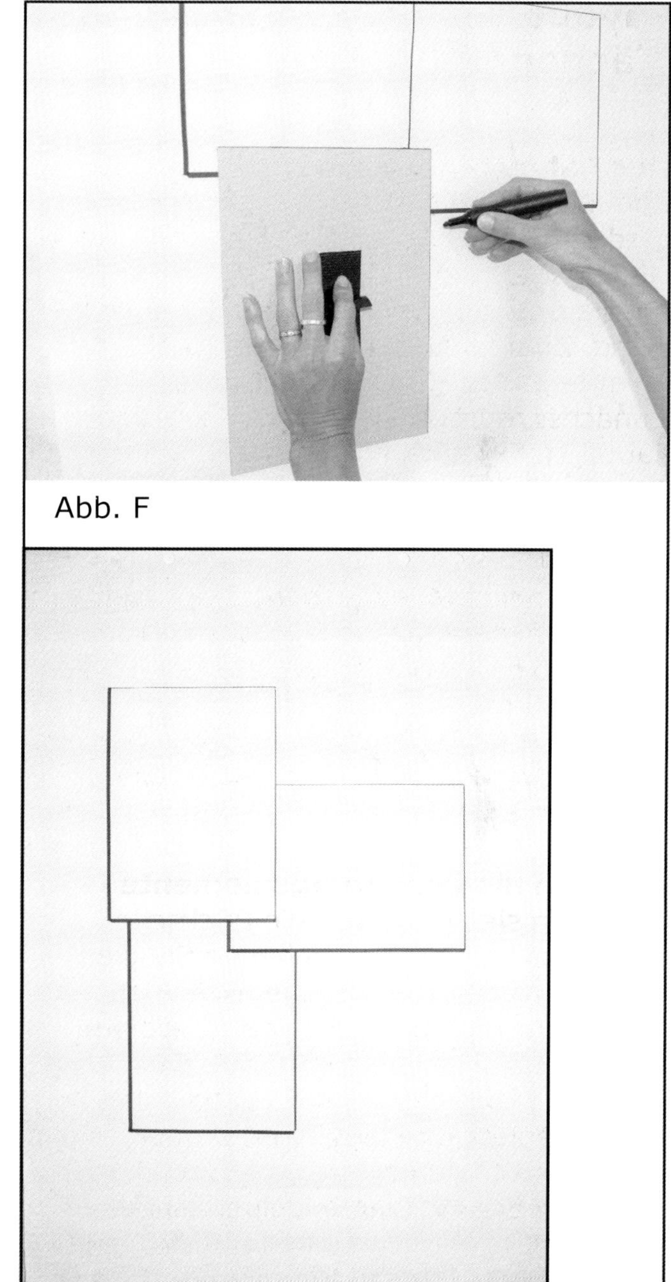

Abb. F

Abb. G

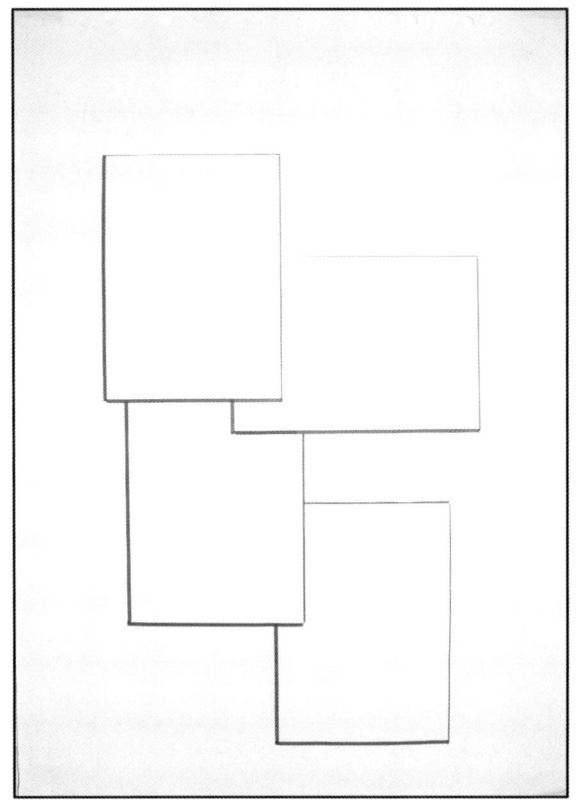

Abb. H

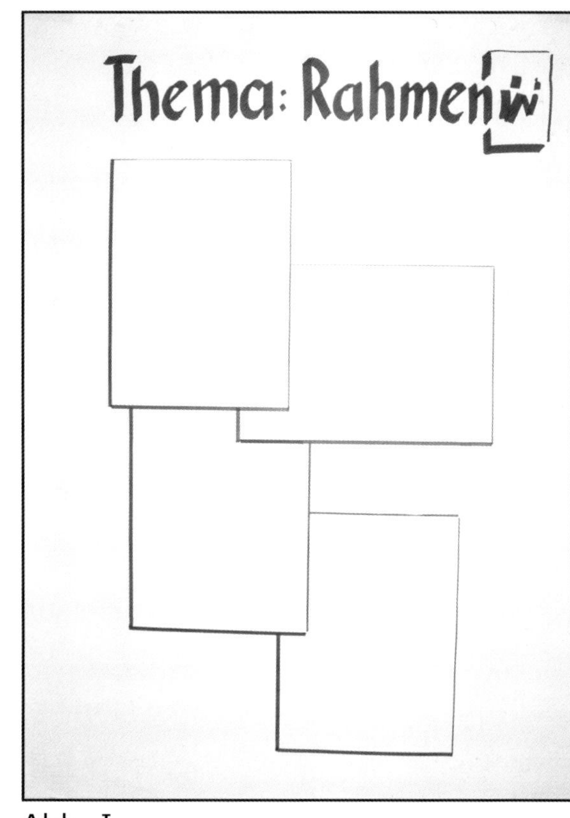

Abb. I

Die vierte und letzte Fläche wird nur von der dritten Fläche überlagert und liegt von der Unterkante des Blattes 3 Kästchen und von der rechten Blattkante 7 Kästchen entfernt (Abb. G u. H). Sie haben sich auf diese Art und Weise ein Rahmengerüst für die weitere Gestaltung Ihres Charts geschaffen. Gestaltung und Layout wurden in einem Arbeitsschritt vollzogen. Zur Oberkante des Charts haben Sie genügend Platz für eine Überschrift. Um die Rahmen ist noch genügend Platz für Figuren und Symbole und im Inneren der Rahmen ist die definierte Fläche für die Inhalte des Charts. Schauen Sie sich die weiteren Entwicklungsphasen meines Charts genau an. Überlegen Sie, wie Sie diese Methode für Ihre Inhaltscharts nutzen können.

Die weitere Gestaltung des Charts

In einer klaren Standardschrift setze ich nun eine Überschrift in Form eines Themas auf das Chart. Im Anschluss daran setze ich einen kleinen Freihandrahmen an den letzten Buchstaben und bringe noch eine Figur in den Rahmen ein (Abb. I).
Im nächsten Arbeitsschritt illustriere ich das Thema mit Schrift, Flächen und Figuren in die ersten drei Rahmen.

Abb. J

Abb. K

Abb. L

Die Überschrift bekommt zusätzlich noch eine geschwungene Stützlinie (Abb. J). Nun setze ich vier weitere Figuren in das Chart ein. Die vier sind die Geschichtenerzähler in meinem Bild und führen den Betrachter durch das Themenchart. Die beiden Abschlussfiguren am unteren Bildrand bekommen noch eine Horizontlinie, das gibt dem Chart einen klaren Abschluss nach unten.

In den letzten Rahmen fertige ich nun noch die letzte Visualisierung an. Ein fertig gestaltetes Flipchart ist entstanden. So findet mein Chart seine Form und macht das Thema zum Thema (Abb. K u. L).

Ich hoffe, dass Ihnen auf dieser Gestaltungsreise schon einige Einsatzgebiete für Ihre eigenen Themencharts gekommen sind. Auf den nächsten Seiten zeige ich Ihnen weitere Varianten zum Thema: Verschachtelungen von Flächen auf Flipchart und Pinnwand.

Die 5er Variation

Beginnen Sie mit dem querformatigen
Rahmen in der Mitte. Legen Sie dann im
Uhrzeigersinn die vier weiteren hoch-
formatigen Rahmen hinter den Mittel-
rahmen. Bringen Sie die Schattenwinkel
so an, dass die dicken Linien jeweils nach
außen und nach unten weisen. Nun können
Sie die Nummernkreise, die Figuren und
das Thema visualisieren (Abb. A).

Die 6er Variation

Starten Sie mit dem ersten hochkantigen
Rahmen 3,5 Kästchen vom linken Seiten-
rand Ihres Charts. Lassen Sie darüber so
viel Platz, dass Ihre Überschrift noch genügend Raum hat. Nun folgen die weiteren
Rahmen. Folgen Sie dem gestrichelten Pfeil
auf der Abbildung (Abb. B). Alle Winkelschatten liegen links und unterhalb des
jeweiligen Rahmens.

Vier Einzelrahmen mit Nägeln

Bei dieser Variation legen Sie die Rahmen
ohne Überschneidung auf dem Chart an.
Drängen Sie die Rahmen nicht zu eng an-
einander, damit Sie für die Überschrift und
die Figuren genügend Platz haben. Betonen Sie die Schattenwinkel der Rahmen
unterschiedlich. Die Nägel werden auf der
schmalen Kante und der Ecke Ihres Trainermarkers gefertigt (Abb. C roter Kreis).

Abb. A

Abb. B

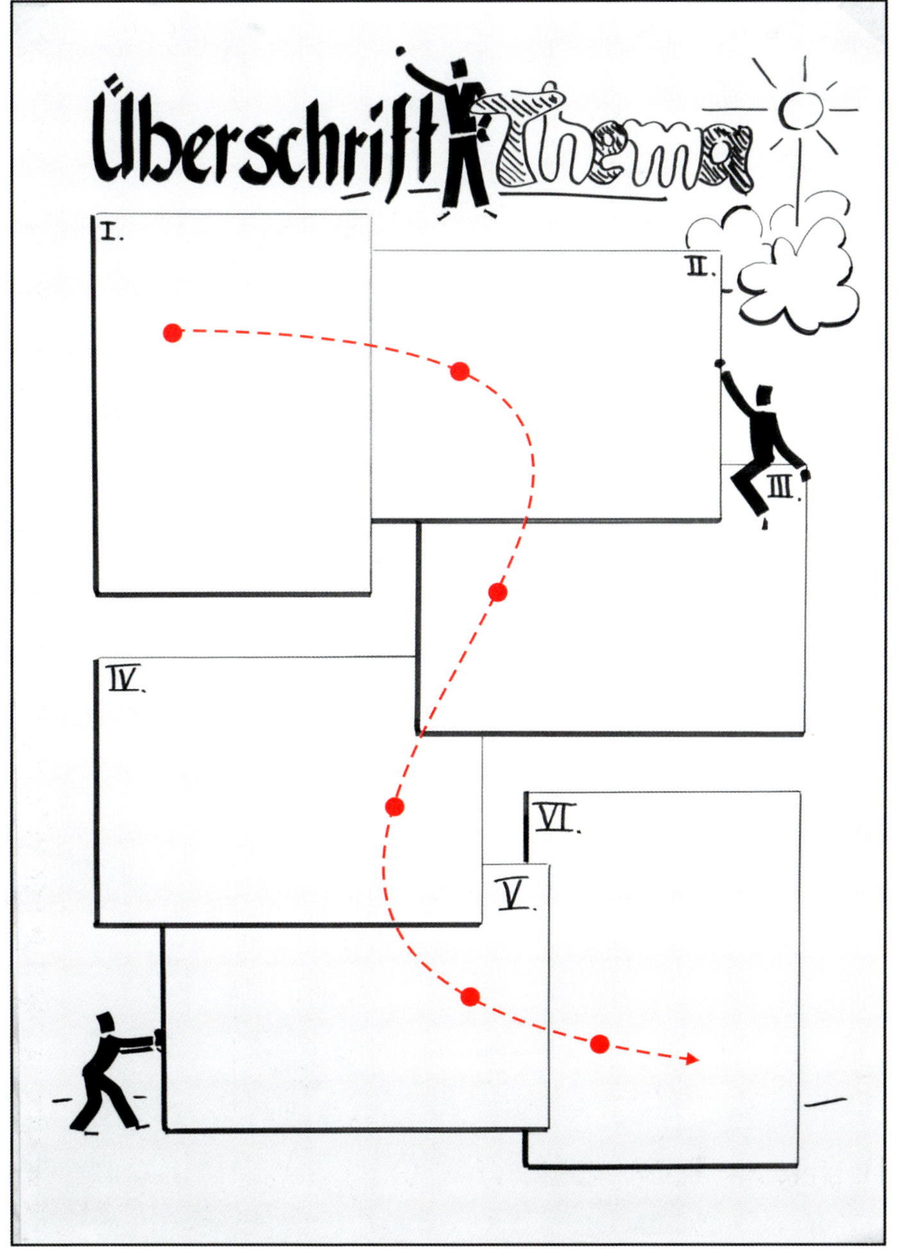
Überschrift Thema
I.
II.
III.
IV.
VI.
V.

Abb. C

Überschrift Thema
Text und
nochmehr
Text !
1.
2.
3. 4.

Klassisches Layouten für Flipcharts und Pinwände

Die Kästchenseite des Flipchartblocks ist für viele Menschen die sichere und strukturierte Seite. Schöner und lebendiger wird Ihr Chart, wenn Sie den gesamten Flipchartblock umdrehen, so dass die Kästchen nur leicht durchschimmern. Auf diese Weise wirkt das Chart weiß und ist dennoch gut zu layouten.

Wenn Sie ein neues Layout anlegen, sollten Sie den Randbereich Ihres Charts nicht in die Gestaltung mit einbeziehen. Lassen Sie 1,5 Kästchen links, rechts und unten frei. Von der oberen Blattkante lassen Sie 1,5 Kästchen ab der Aufhängungslochung frei. Es ist auch sehr ratsam, sich den Raum für die Überschrift oder das Thema vorzumarkieren. Dieses Layoutblatt können Sie unter jedes neu zu gestaltende Chart hängen. Die Linien sind durch das darüber liegende Blatt gut zu erkennen (Abb. A). Legen Sie sich unterschiedliche Layout-Papiere an. Nicht alle Charts müssen linksbündig gestaltet sein. Mittelachsigkeit und Rechts-Links-Schaukelsatz bringen eine spannungsreiche Leichtigkeit in Ihre Charts. Schauen Sie, welche Ihrer Themencharts sich in den unterschiedlichen Satzarten am besten darstellen lassen.

Abb. A

Abb. B

Plakat auf Mittelachse

Plakate, die Sie auf Mittelachse anlegen, sollten gut vorskizziert werden. In der nebenstehenden Abbildung sehen Sie ein klassisches, auf Mittelachse aufgebautes Layoutplakat (Abb. B). Legen Sie alle Details Ihres Plakates fest. Nutzen Sie den Raum optimal aus. Umreißen Sie mit einer gestrichelten Linie die zu gestaltenden Flächen. Arbeiten Sie mit einem kleinen Marker. Hängen Sie das Layoutblatt unter ein Blancoblatt und visualisieren Sie Ihre Inhalte in das durchscheinende Layoutblatt (Abb. C).

Abb. C

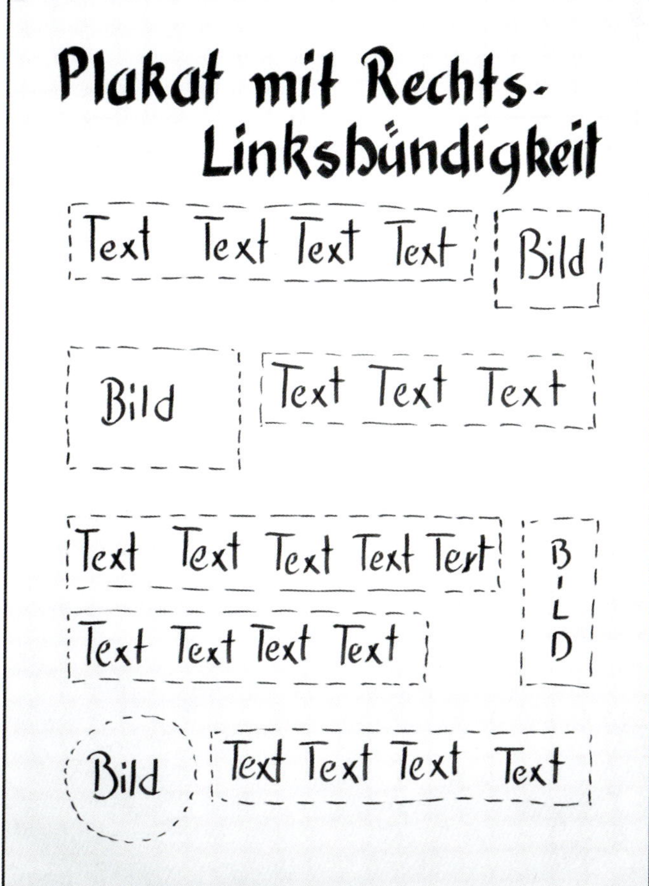

Abb. D

Abb. E

Das Layoutblatt ist, was die Laufweiten der Texte und die breite der Visualisierungen angeht, nur eine Orientierungshilfe. Die Masse und Abstände in der Höhe des Charts sind genau wie im Layoutblatt einzuhalten.

Auch das Chart im Rechts-Links-Schaukelsatz ist nach dieser Methode entstanden:
- Inhalte des Charts überprüfen
- Layout-Blatt anfertigen
- Layout-Blatt unterhängen
- Chart visualisieren (Abb. D und E)

Nutzen Sie für die Illustrationen möglichst klare, einfache Symbole und Figuren - Nur so stimmt das Sprichwort:
Ein Bild sagt mehr als 1000 Worte!
Auf der nächsten Doppelseite zeige ich Ihnen eine dritte Variante zum Thema:
Ein Layout auf dem Weg.

Ein Layout auf dem Weg

Das Motiv des Weges oder der Straße
eignet sich hervorragend zur Darstellung
von Abläufen und Agenden. Legen Sie sich
zuerst wieder ein Layoutblatt an, damit Sie
Ihren Weg oder Straße jederzeit reprodu-
zieren können. Beginnen Sie mit der Horizontlinie, die mindestens 6 bis 7 Kästchen
unterhalb von der Lochleiste ihres Flipchartpapieres liegt (Abb. A/roter Kreis 1).
Im Raum oberhalb der Horizontlinie haben
sie genügend Platz für die Überschrift oder
das Thema des Charts. Im nächsten Schritt
folgen drei Hilfslinien, auf denen Sie die
Wendepunkte des Weges abtragen können
(Abb. A/rote Kreise 2 bis 4). Die waagerechten Hilfslinien haben von der Horizontlinie gemessen folgende Abstände: 4,5
Kästchen, 4,5 Kästchen und 8 Kästchen.
Tragen Sie nun die Wendepunkte nach den
Kästchenbemaßungen der nebenstehenden
Abbildung auf den jeweiligen Hilfslinien ein
und verbinden Sie die Punkte mit einer ge-
schwungenen Linie (Abb. A/rote Punkte).
Achten Sie im Verlauf des Weges darauf,
dass dieser nach unten hin immer breiter
wird (Abb. A/rote Pfeile), denn nur so entsteht die Tiefe des Bildes. Legen Sie über
diese Skizze ein weiteres Flipchartpapier
und zeichnen Sie die Wegkontur mit einem
dünnen Marker nach. Damit der Weg noch
plastischer wirkt, bekommt er an den
Unterseiten eine dicke Verstärkungslinie
(Abb. B). Die erste dicke Unterseitenlinie
ziehen Sie auf der schmalen Kante des
großen Markers in einer 90 Grad-Position

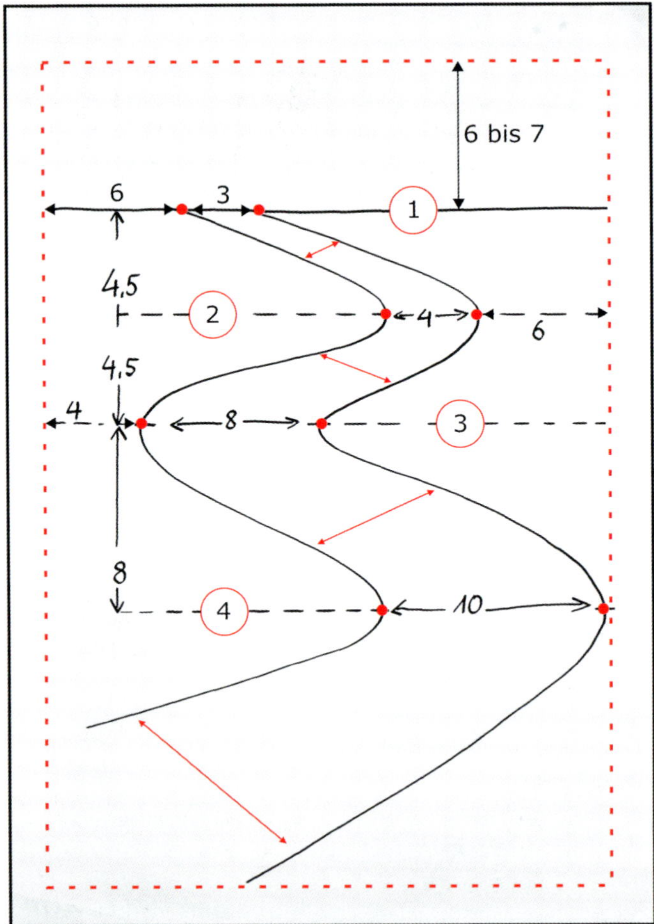

Abb. A

(Abb. B/roter Kreis 1). Die drei weiteren
Unterseitenverstärkungen malen Sie auf
der breiten Kante des großen Markers
aus einer 90 Grad Position. Schmiegen
Sie die breiten Linien möglichst exakt an
die dünnen Wegkonturen und achten Sie

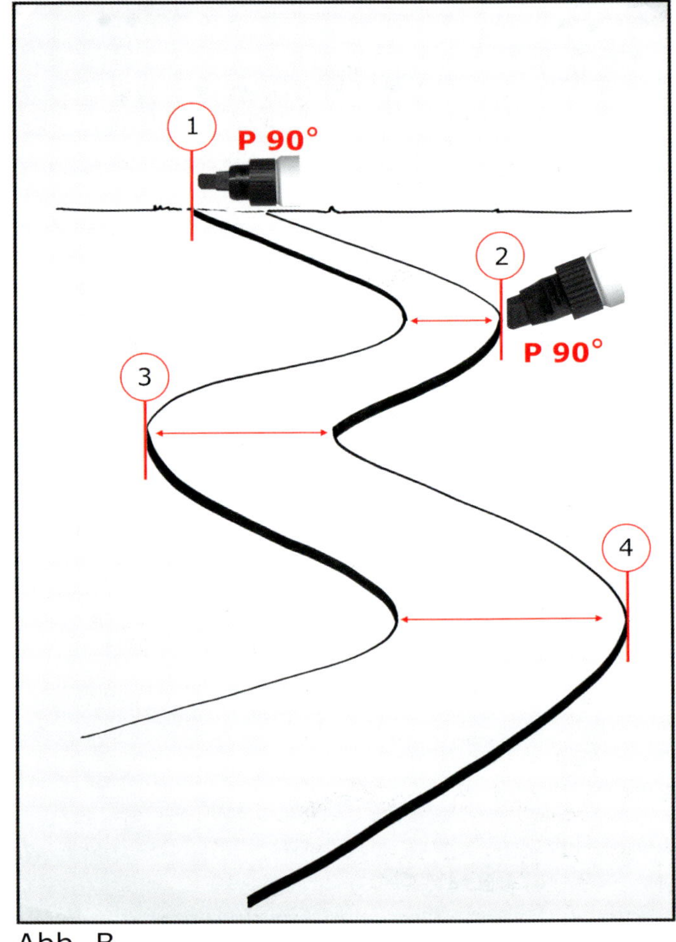

Abb. B

darauf, dass sich die Start- und Endpunkte
der Unterseitenverstärkungen gegenüber
liegen (Abb. B/rote Pfeile).

Abb. C

Abb. D

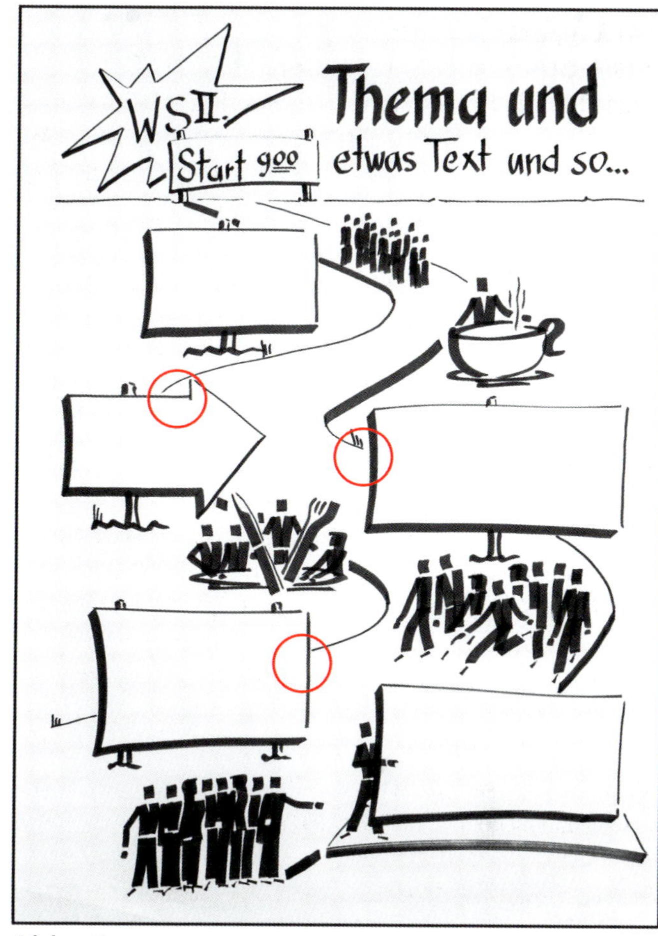

Abb. E

Legen Sie das Hilfsblatt nun unter einen weiteren Flipchartbogen und gestalten Sie die einzelnen Elemente und Stationen, die sie für ihre Agenda oder für Ihr Thema benötigen. Alle Elemente und Figurationen, die Sie bisher geübt haben, passen zu dieser Art der Chartgestaltung (Abb. C u. E). Erst wenn alle Motive an ihrem Platz sind und Sie alle Inhalte klar visualisiert haben, zeichnen sie den Weg nach. Sie können jetzt genau sehen, wo ihre Weglinien beginnen und enden, ohne dass es zu Überschneidungen mit den anderen Motiven kommt (Abb. E/rote Kreise). Nach mehrmaliger Wiederholung brauchen Sie das Hilfsblatt nicht mehr, Sie können dann Ihr Weg-Chart ganz frei gestalten.

Pinnwandgestaltung

Die Pinnwand ist ein sehr praktisches Medium für die Moderations-, Prozess- und Ergebnisarbeit von Gruppen. Bedingt durch ihre Konstruktion steht die Pinnwand nicht so sicher wie das Flipchart. Sie sollten aus diesem Grund die Pinnwand nur für großflächige Visualisierungen, die Sie nicht auf ein Flipchartformat bekommen, nutzen. Für das direkte Visualisieren auf Pinnwänden ist es ratsam, weiße Papiere zu benutzen, da diese die Farben und Kontraste der Visualisierungen besser zur Geltung bringen. Das braune Papier eignet sich besser für Pinntechniken mit Karten und vorgefertigten Visualisierungen.
Alle Gestaltungsanregungen und Regeln, die ich Ihnen im Verlauf des Buches mit auf den Weg gegeben habe, gelten auch für die Pinnwand. Alle Motive, Figuren, Elemente und Schriften bleiben wie bei der Flipchartgestaltung in den gleichen Abmessungen und Proportionen. Sie müssen lediglich die Abstände zwischen den Gestaltungselementen neu in Augenschein nehmen. Hier zwei Beispiele, wie Sie mit den erlernten VISUALTools auf der großen Pinnwandfläche agieren können.

Layout-Tipps

Lassen Sie umlaufend mindestens 4 cm ungestalteten Rand. Definieren Sie im Vorfeld die Räume, die Sie gestalten möchten, indem Sie sich Layoutblätter oder Layoutskizzen (auf DinA4-Papier) anfertigen. Überlegen Sie, welche Figuren und Elemente Sie für die Gestaltung einsetzen werden, was Sie vorbereiten können und was Sie live visualisieren wollen. Nutzen Sie für die Abmessungen und Proportionen von Schriften, Figuren und Elementen den Markerkorpus als Orientierungsgröße (Abb. A/rote Kreise).

Abb. A

Die Pinnwand als lebendige interaktive Visualisierungsfläche

Sie können die Fläche der Pinnwand auch *just in time* mit Ihren Inhalten füllen. Dazu benötigen Sie eine mit braunem Papier bezogene Pinnwand. Die Wand zeigt am Anfang Ihrer Präsentation den Ihnen schon bekannten Weg mit einem Horizont (Abb. C). Nun kommen Ihre auf weißem Papier vorgefertigten Gestaltungselemente zum Einsatz. Hierzu zeichnen Sie auf einem DinA3-Block mit festem Papier (150 bis 200 g/qm) die ausgesuchten Motive mit dem Marker vor und schneiden Sie dann möglichst genau am Markerstrich aus (Abb. B). Die einzelnen Elemente werden zudem noch von Figuren und Texten unterstützt, die Sie im Verlauf des Gestaltungsprozesses *live* visualisieren.

Auf den folgenden Seiten ist der gesamte Ablauf der Präsentation einer Tagesagenda für Sie abgebildet. Versuchen Sie Ihre eigenen Inhalte in dieser Form einer Agenda auf den Weg zu bringen - es lohnt sich! Sehen Sie selbst.

Abb. B

Abb. C

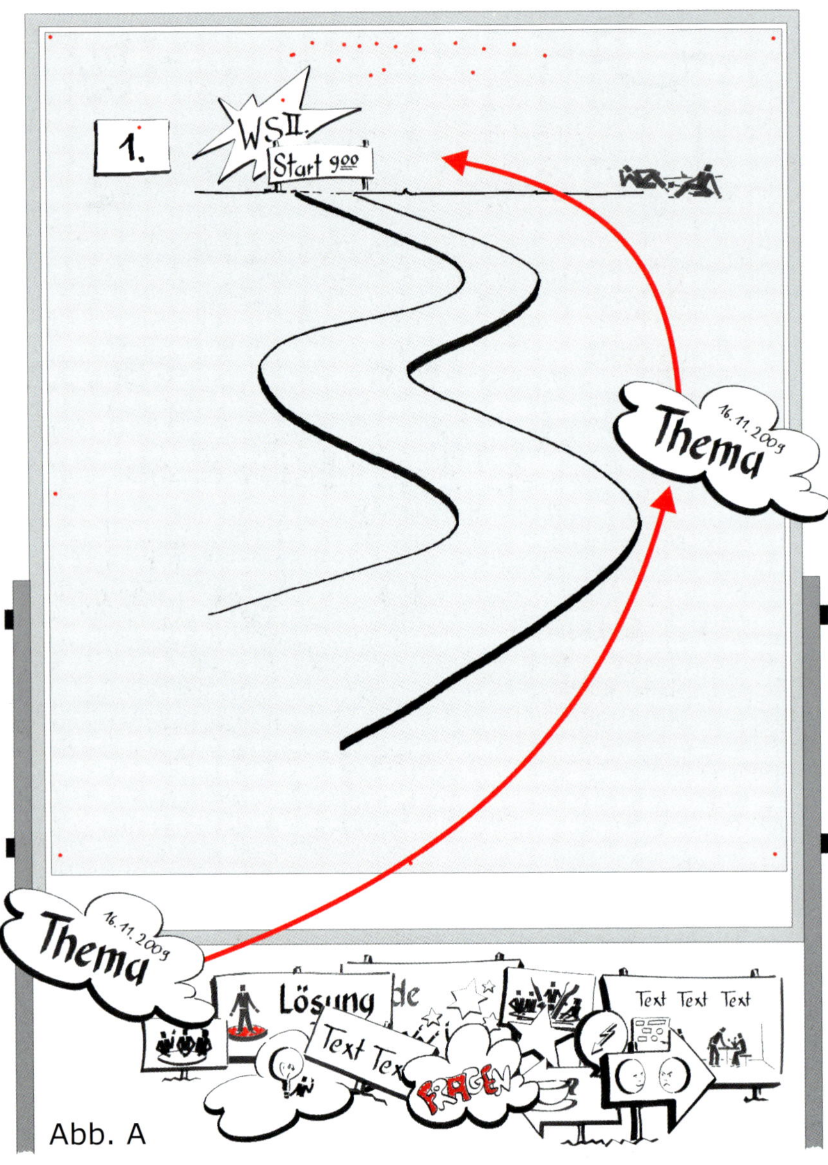

Legen Sie sich alle Elemente und die Pinnnadeln passend zurecht und beginnen Sie mit dem Anpinnen der ersten Gestaltungselemente.

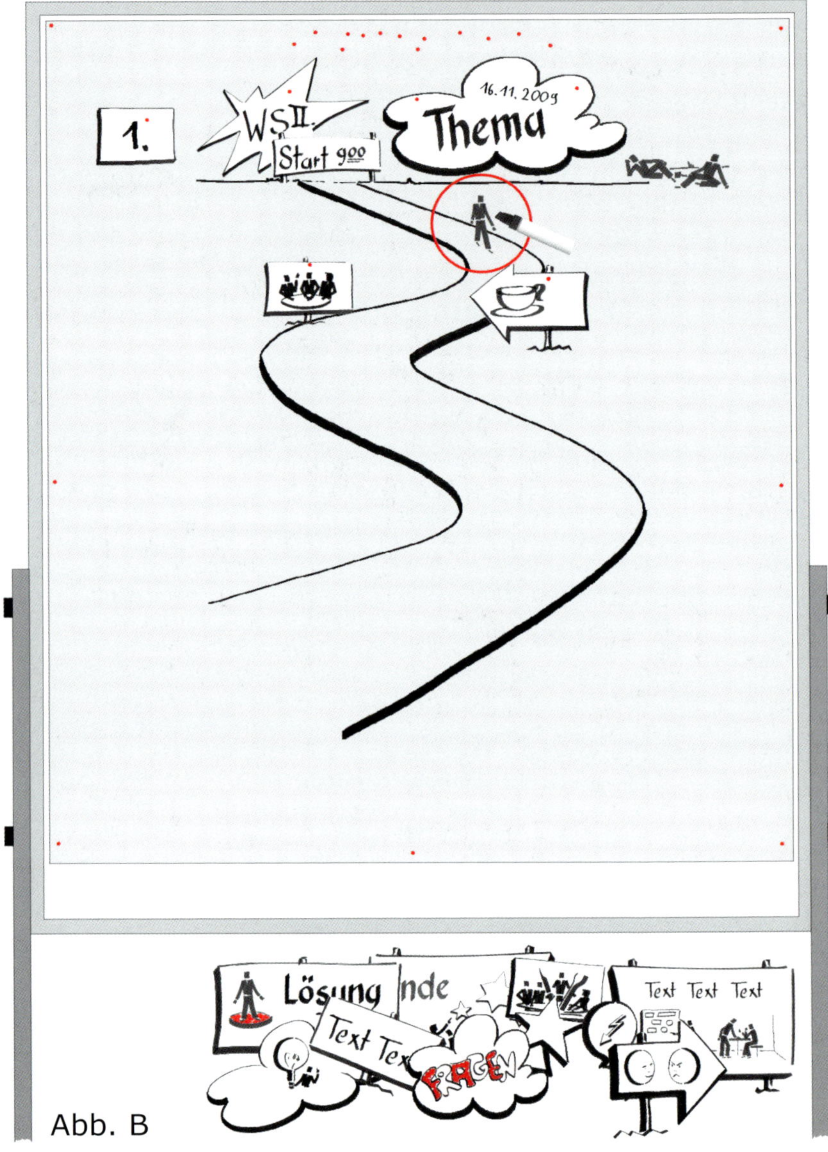

Lassen Sie sich Zeit bei allen Gestaltungsschritten. Zeichnen Sie Ihre erste Figur auf den Weg und erzählen Sie dazu eine kurze Geschichte.

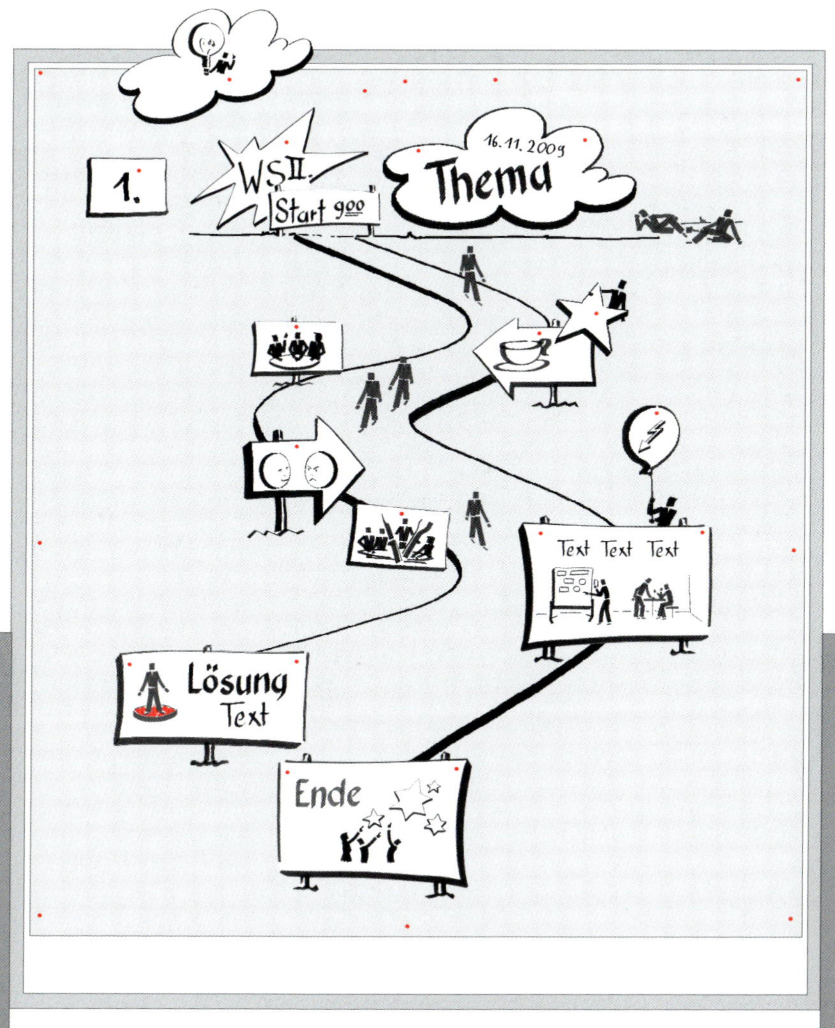

Abb. C

Bauen Sie den *Gang durch den Tag* dramaturgisch passend zu den Gestaltungselementen auf und überraschen Sie ihr Publikum mit ihren heiteren Visualisierungen.

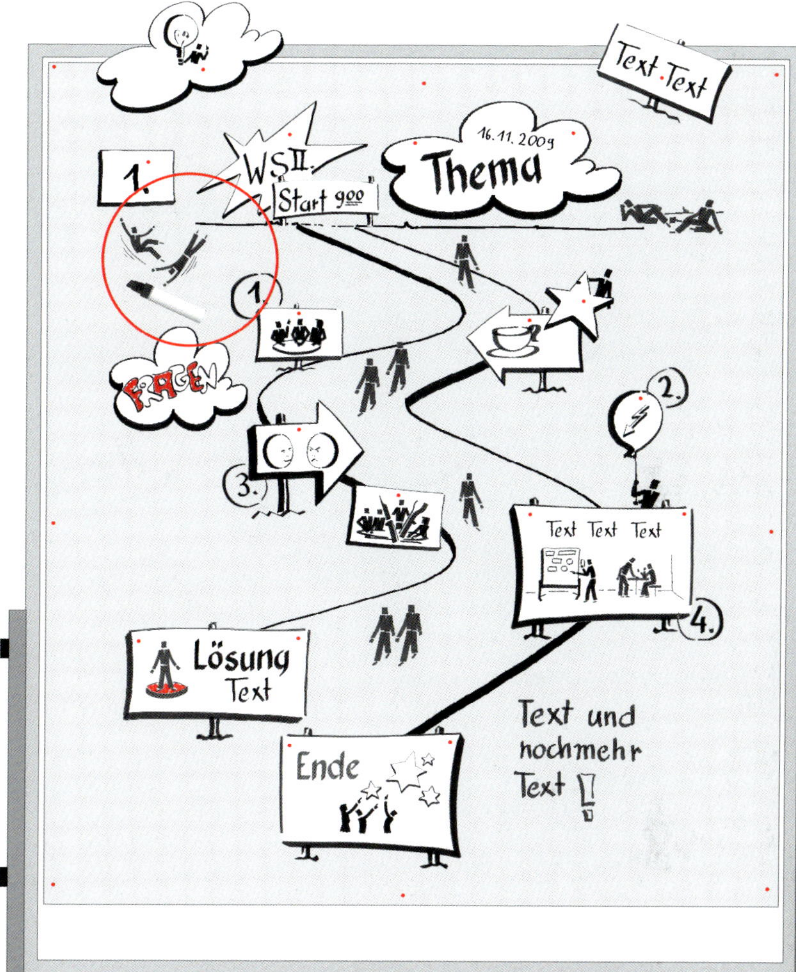

Abb. D

Setzen Sie am Ende Ihrer Live-Visualisierung noch ein oder zwei Figuren auf die Fläche, das rundet Ihre Performance und das Chart so richtig ab - Und denken Sie daran: Fürchte Fehler nicht, es gibt keine!

NachSchlag
Nun mach mal' nen Punkt!

Die Sache mit den bunten Kreiden
Wir sind fast am Ende des Visualisierungs-
weges angekommen. Ich möchte Ihnen
noch eine Technik zur Kolorierung von
Flächen mit Wachs- oder Ölkreide zeigen.
Mit dieser Technik bringen Sie Farbe,
Lebendigkeit und Stimmung in Ihre Chartgestaltung. Zum Thema *Umgang mit
Farben* habe ich Ihnen an anderer Stelle
dieses Buches schon Anregungen und
Tipps gegeben. An dieser Stelle sei nochmals wiederholt, gehen Sie sparsam und
bewusst mit Farben um. Farben trans-
portieren immer Stimmungen und diese
sollten die zu transportierenden Inhalte
unterstreichen. Die Farben sollten nicht im
Vordergrund stehen - *hübsch machen,* bitte
mit Bedacht.

Die Ölkreide
Ölkreiden bekommen Sie in jedem
Künstlerbedarfsgeschäft. Sie können
die Kreiden auch bei Großhändlern wie
Gerstäcker oder Boesner im Internet einzeln bestellen. Kaufen Sie keine Farbpa-
ckungen, da Sie für die praktische Anwendung nicht alle Farben verwenden werden.
Wichtig sind die Grundfarben Blau, Rot und
Gelb, sowie die Mischfarben 1. Ordnung
Orange, Grün und Violett. Alle anderen
Farben sind meiner Meinung nach nicht
notwendig. Die Ölkreide ist weich und hat
dadurch einen sehr geschmeidigen Abrieb.
Diese Geschmeidigkeit ist für den Effekt,
den wir damit erzielen wollen, sehr dienlich. Zudem ist der Kraftaufwand zur Führung der Kreide viel geringer als bei den
Wachskreiden.

Die Wachskreide
Die Wachskreiden bekommen Sie ebenfalls in den genannten Geschäften. Bei den
Wachskreiden ist es ratsam, kleine Farb-
kästen mit den entsprechenden Grund-
und Mischfarben zu kaufen. Alle Effekte,
die Sie mit der Ölkreide erreichen, können
Sie auch mit der Wachskreide ausführen.
Die Wachskreide ist von der Materialbe-
schaffenheit wesentlich härter und braucht
mehr Kraft in der Führung. Der Vorteil der
Wachskreiden ist, dass Sie die Finger nicht
so stark einfärben und Sie somit etwas
sauberer bleiben.

Anwendung der Kreide
Für die ersten Kreideübungen legen Sie
sich mehrere Papierbögen übereinander,
so dass das oberste Papier unter dem
Druck der Kreide etwas nachgeben kann
(Abb. B). Nun brechen Sie die Ölkreide
bzw. Wachskreide so durch, dass die bei-
den Stücke annähernd gleich groß sind
(Abb. A). Die Wachskreideblöcke werden
nicht gebrochen, da sie schon die passende
Länge für diese Technik aufweisen. Fassen
Sie die Kreide mit drei Fingern (Abb. D).
Legen Sie die Kreide in voller Länge
parallel zur Oberkante auf das Papier und
führen Sie die Kreide in einer senkre-
chen Bewegung zur unteren Blattkante
(Abb. D). Üben Sie auf der linken Seite,
auf der Ihr Zeigefinger liegt, deutlich mehr
Druck aus als auf der rechten Seite, wo der
Mittelfinger liegt. Auf diese Weise malen
Sie eine senkrechte Abriebspur, die einen

Abb. A

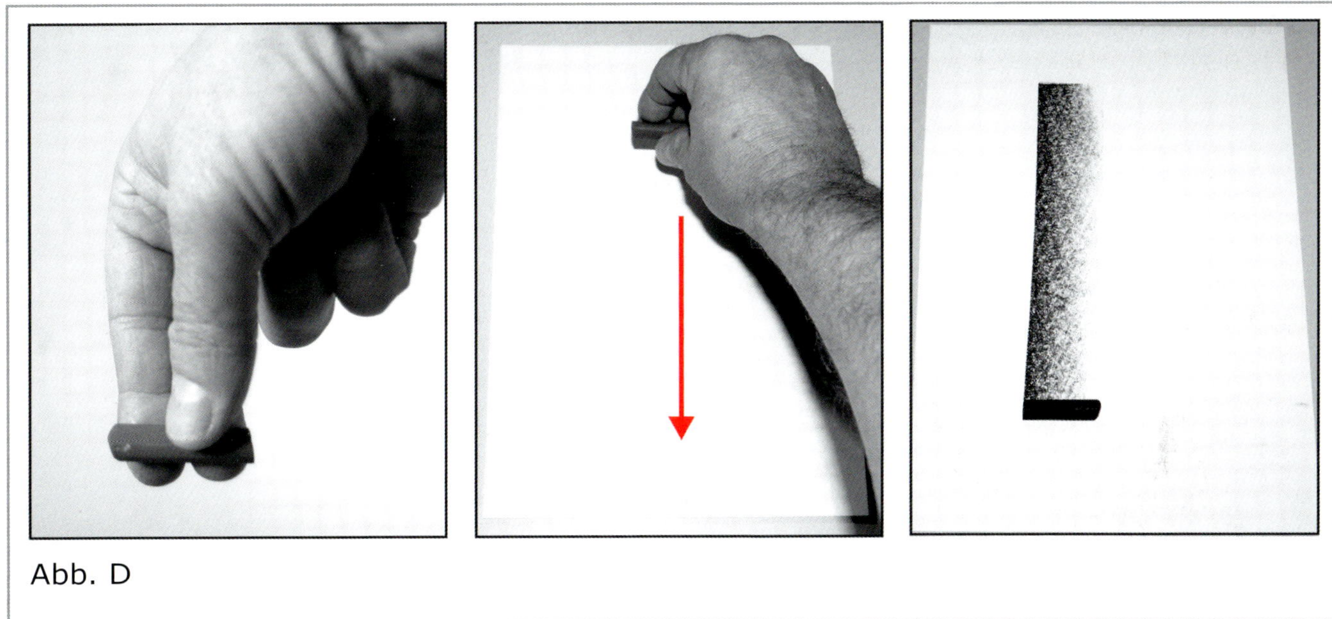

Abb. D

deutlichen Farbverlauf aufweist (Abb. C). Legen Sie danach eine weitere Abriebspur an. Diesmal drücken Sie mit dem Mittelfinger stärker als mit dem Zeigefinger auf die Kreide. In diesem Fall liegt die dunkle scharfe Kontur auf der rechten Seite und der weiche Verlauf auf der linken Seite. Versuchen Sie solche Abriebspuren auch in der waagerechten und in der diagonalen Richtung auszuführen. Wichtig bei diesen Übungen ist, dass die scharfe Kontur im Gegensatz zum weichen Verlauf deutlich zu sehen ist. Nutzen Sie die Kreiden möglichst immer in dieser Technik und nicht als Zeichenmedium wie die kniende Figur auf Seite 104.

Abb. B

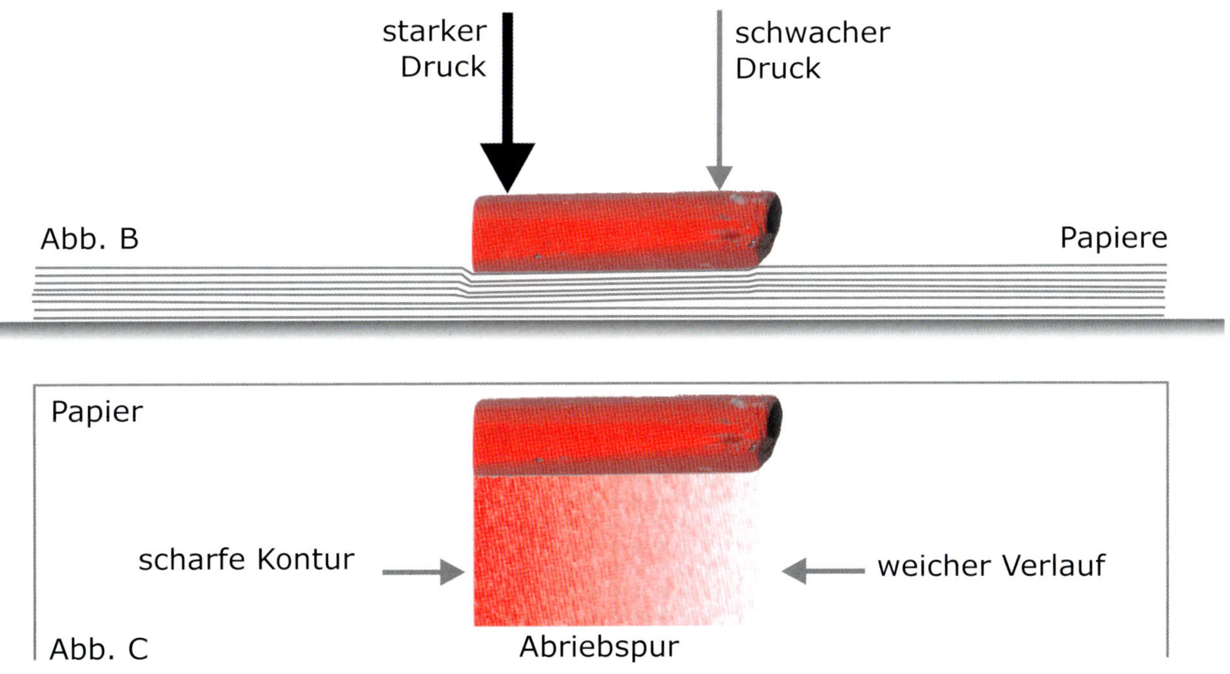

Abb. C

Die Schaukelbewegung mit der Kreide

Für diese Übung verlagern Sie den Druck
abwechselnd auf Zeigefinger und Mittelfinger. Die Kreide wird dabei gleichmäßig
und ununterbrochen in eine Richtung gezogen. So entsteht ein schachbrettartiges
Muster im Abrieb (Abb. A).

Abb. A

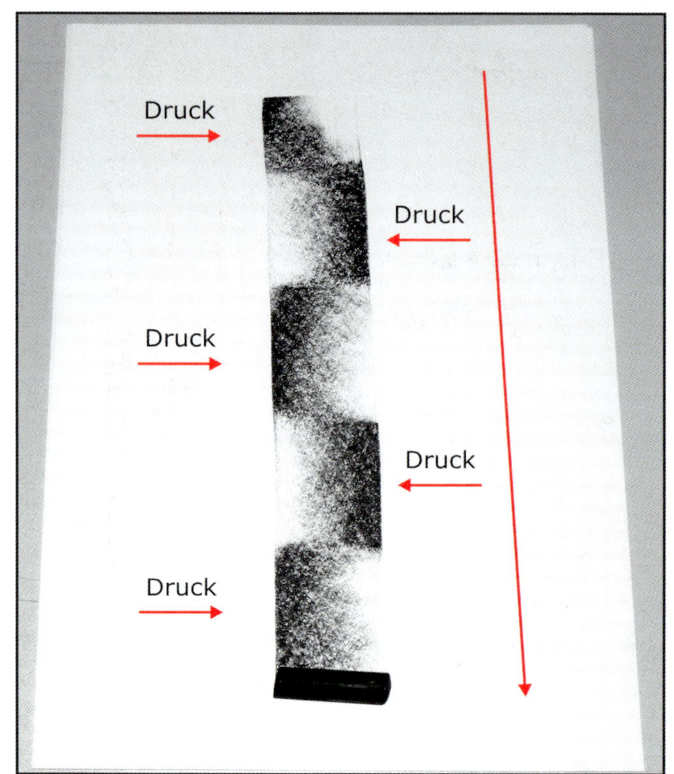

Farbige Flächen

Zeichnen Sie mit dem dicken Marker einen
einfachen Rahmen mit dickem und dünnem
Winkelelement. Wenn Sie eine solche Fläche mit Farben belegen, sollten Sie diese
nicht einfach ausschraffieren. Bringen Sie
den Farbauftrag nur an das dicke Winkelelement der Fläche an, so dass der weiche Verlauf der Farbe nach innen und die
scharfe Kontur nach außen weist.
Und so wird es gemacht:
Nehmen Sie sich eine frische Kreide zur
Hand und befreien Sie diese vom Papier
Nun brechen Sie die Kreide in zwei Hälften und setzen eine der beiden Hälften
in der linken oberen Ecke an. Ziehen
Sie die Kreide mit Druck auf dem Zeigefinger nach unten (Abb. B). Dann setzen
Sie die Kreide in die linke untere Ecke auf
und ziehen die Kreide wieder mit dem
Druck auf dem Zeigefinger nach rechts
(Abb B/ rote Kreise/ Pfeile).
Visualisieren Sie immer erst alle Marker-
elemente und dann bringen Sie die Farbe
auf. So bleiben Ihre Markerspitzen frei von
Öl- und Wachsrückständen.
Ein letzter Farbtipp - Nehmen Sie für die
Gestaltung der Flächen leuchtende Farben
wie Rot, Gelb, Orange. Auch helle Blau-
und Grüntöne können sehr wirkungsvoll
sein.

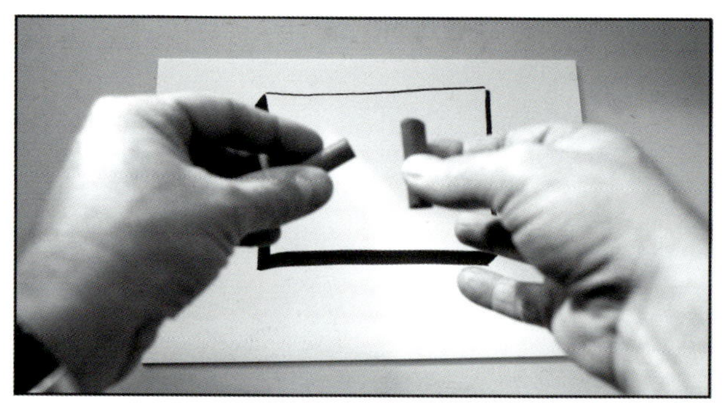

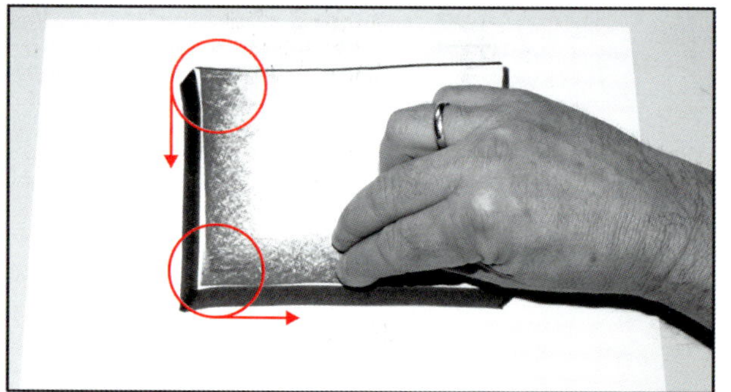

Abb. B

Bist Du nun endlich fertig?
Ja ja ... nur noch Danke und tschüüss sagen!

Viel Erfolg und DANKE!

Lassen Sie Ihre Ideen, Gedanken, Worte und Kraft zu Bildern werden, so dass die Bildungs-, Beratungs, und Wirtschaftswelt mehr Farben, Formen und Kreativität bekommen.

Ich bedanke mich herzlich bei meiner Frau Beate Wortmann, bei Jana Schuster und Gert Schilling für ihre Begleitung und Unterstützung. Mein Dank gilt auch allen Kolleginnen und Kollegen für die vielen Anregungen und Ideen, die sich in diesem Buch wiederfinden.

Markus Wortmann

1962 **Markus Wortmann**
Dipl. Grafik-Designer

Seit 1992   **Selbständig in den Bereichen:**

- Grafik, Malerei und Illustration als Intervention in Beratungsprozessen: Live-Malerei, Storyboarding, Feedback-Bilder, Historienbilder, Storytelling in Bildern, Bilddokumentationen
- Performances und Inszenierungen als beraterische Intervention für Grossgruppen-veranstaltungen
- Vorträge, Workshops: Jap. Tuschmalerei *sumi-e*, Zen-Malerei, Schwert-Arbeit und Zen-Meditation im Management

Seit 2000   **touch of art**

- INTERventionsArt: Der professionelle Einsatz von künstlerischen Medien als gezielte Intervention in Beratungskontexten
- VISUALTools - Visualisierungstrainings für Menschen in den Bereichen: Bildungsarbeit, Beratung, Training, Coaching, Personalentwicklung, Führung und Management
- SCHWERTArbeit, ZENMeditation und KABCoaching im Rahmen von Trainings, Work-shops und Coaching

Pfälzer Str. 75
D-33613 Bielefeld

Fon   0521 93 30 385
Mobil   0173 95 05 932

wortmann@touchofart.de
www.touchofart.de

SCHILLING | VERLAG

www.schilling-verlag.de

Serie »Praxisleitfaden«

Die Serie »Der Praxisleitfaden« zeichnet sich durch einen lebendigen, beispielhaften und praxisnahen Schreibstil aus. Die Themen sind systematisch und überschaubar gegliedert. Alle Inhalte werden durch zahlreiche Bilder, Grafiken und Illustrationen verdeutlicht. Es macht Spaß zu lesen.

Moderation von Gruppen

Der Praxisleitfaden für die Moderation von Gruppen, die gemeinsam arbeiten, lernen, Ideen sammeln, Lösungen finden und entscheiden wollen

Gert Schilling, ISBN 978-3-930816-59-0

Angewandte Rhetorik und Präsentationstechnik

Der Praxisleitfaden für Vortrag und Präsentation

Gert Schilling, ISBN 978-3-930816-58-3

Verkaufstraining

Der Praxisleitfaden für das beratende Verkaufsgespräch

Gert Schilling, ISBN 978-3-930816-61-3

Zeitmanagement

Der Praxisleitfaden für Ihr persönliches Zeitmanagement

Gert Schilling, ISBN 978-3-930816-62-0

Projektmanagement

Der Praxisleitfaden für die erfolgreiche Durchführung von kleinen und mittleren Projekten

Gert Schilling, ISBN 978-3-930816-60-6

Präsentieren mit Laptop und Beamer

Der Praxisleitfaden für Ihre wirkungsvolle Präsentation mit Laptop, PC und Beamer

Gert Schilling, ISBN 978-3-930816-64-4

Munterrichtsmethoden

22 aktivierende Lehrmethoden für die Seminarpraxis

Harald Groß, Nikolaas Boden, Betty Boden, ISBN 978-3-930816-18-7

Munterbrechungen

22 aktivierende Auflockerungen für die Seminarpraxis

Harald Groß, ISBN: 978-3-930816-20-0

Von Kopf bis Fuß auf Lernen eingestellt

Ein munteres Lernhandbuch

Harald Groß, ISBN 978-3-930816-17-0

Lernlust statt Paukfrust

Mit deinen Motivatoren leichter lernen in Schule, Studium und Beruf

Harald Groß, ISBN 978-3-930816-25-5

Einfach Coaching

Das Praxisbuch für Führungskräfte, Projektleiter und Personalverantwortliche

Thomas A. Knappe, Jürgen Straßburg
ISBN 978-3-930816-19-4

ie METALOG Methode

ypnosystemisches Arbeiten mit
teraktionsaufgaben

bias Voß, ISBN: 978-3-930816-22-4

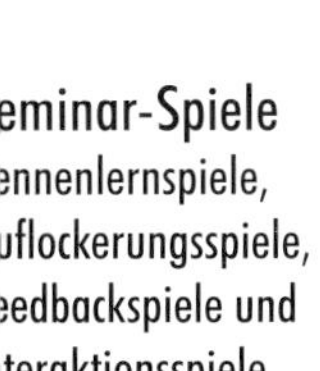

VISUALTools

Visualisieren leicht
gemacht

Markus Wortmann,
ISBN: 978-3-930816-21-7

eminar-Spiele

ennenlernspiele,
uflockerungsspiele,
eedbackspiele und
teraktionsspiele

rt Schilling
BN 978-3-930816-63-7

Seminar Zubehör

Jonglier-Bälle
70 mm Durchmesser, 130 Gramm

Jonglier-Teller
24cm Durchmesser,

Schaumstoff-Würfel
Würfelfarbe: rot, deutlich ausgestanzte Würfelaugen in gelb, Größe 16 x 16 cm

Massagetiere
Die tierische Entspannung im Seminar.

Overhead-Zeigestab »Hand«
Material: farbiges Plexi, fluoreszierend, durchscheinend, Maße: ca. 17 cm lang, 3 mm dick, Farbe: rot

Didaktische Zaubermaterialien

Visualisieren und verankern Sie Ihre Lernziele mit zauberhaften Metaphern. Zum Beispiel mit dem Ziel-Pfeil-Phänomen. Je nachdem wie Sie die Karte halten zeigt der Pfeil in unterschiedliche oder gleiche Richtung. Es funktioniert ganz von selbst. Visuelle Metapher und Anker, wenn es um Zielvereinbarung, Zielklarheit oder Zielformulierung geht.

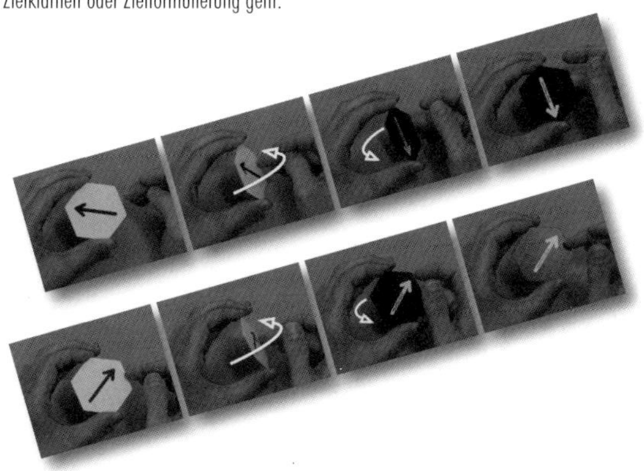

Zum Beispiel: Satz Zaubermaterial

Ein Satz besteht aus 1x Team-Puzzle (27x13 cm), 1x Ziel-Pfeil klein (ca. 7cm), 1x Multi-Pip klein (8x5,5cm), 1x Quadrat-Rätsel (210x297cm) und 1x Schatten-Spiel (210x297cm) inkl. Erklärung

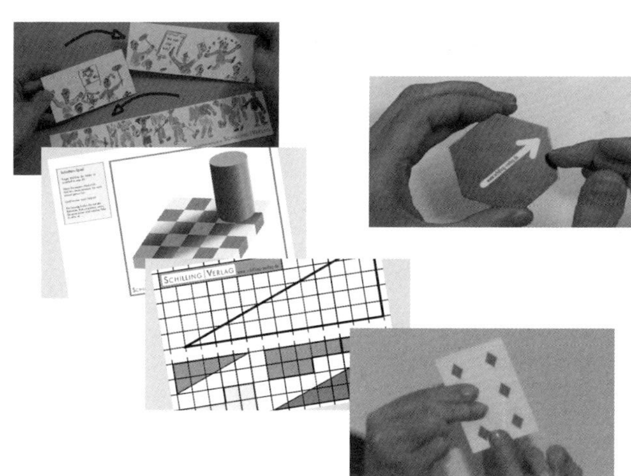

SCHILLING | VERLAG

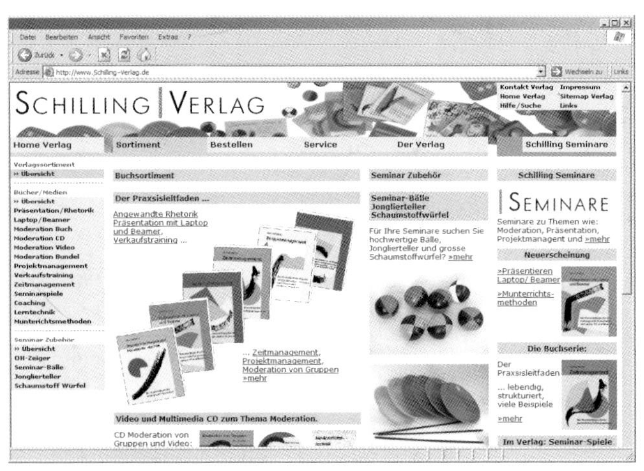

www.schilling-verlag.de

Der Besuch im Internet lohnt sich!

Einblicke in alle Bücher, Bestellmöglichkeit und mehr ...

Kostenlose Downloads

Dateien, Checklisten, Cartoons, Videos und Bilder zum Thema: ✚
Projektmanagement ✚ Verkaufstraining ✚ Moderation ✚ Präsentation ✚
Verkauf ✚ Zeitmanagement ✚ Seminar-Spiele ✚ und mehr...

Viel Spaß beim Stöbern!

Kontaktdaten Verlag / Seminare

✚ Bestellformular: www.schilling-verlag.de
✚ per mail: mail@gert-schilling.de
✚ per Postkarte oder Brief:
Schilling Verlag - Dieffenbachstrasse 27- 10967 Berlin
✚ Fax: +49 (0)30 / 690 418 47
✚ oder Telefon: +49 (0)30 / 690 418 46

Wir sind ein persönlicher Verlag. Bei Fragen und
Anregungen wenden Sie sich gerne an mich.

Ihr Gert Schilling

Besuchen Sie auch:

TRAINER | KONGRESS | BERLIN

Der Ideenmarkt für ▪ Trainer ▪ Coaches ▪ Weiterbildner

www.trainer-kongress-berlin.de

SPEZIAL | SEMINARE *für Trainer*

www.spezial-seminare.de

GERT | SCHILLING

Trainer | Speaker | Moderator

www.gert-schilling.de